Josef Hoff

**Die Staatslehre Spinozas**

mit besonderer Berücksichtigung der einzelnen Regierungsformen und der Frage

nach dem besten Staate

Josef Hoff

**Die Staatslehre Spinozas**
*mit besonderer Berücksichtigung der einzelnen Regierungsformen und der Frage nach dem besten Staate*

ISBN/EAN: 9783743445352

Hergestellt in Europa, USA, Kanada, Australien, Japan

Cover: Foto ©Suzi / pixelio.de

Manufactured and distributed by brebook publishing software (www.brebook.com)

Josef Hoff

**Die Staatslehre Spinozas**

# Die Staatslehre Spinoza's mit besonderer Berücksichtigung der einzelnen Regierungsformen und der Frage nach dem besten Staate.

## Inaugural-Dissertation

behufs

Erlangung der philosophischen Doctorwürde

der

hohen philosophischen Facultät zu Jena

vorgelegt von

**JOSEF HOFF**
cand. phil.

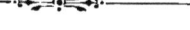

**Prag 1895.**
Druck von Jakob B. Brandeis.

*Genehmigt von der philosophischen Facultät der Universität Jena auf Antrag des Herrn* **Prof. Hofrath Dr. Liebmann.**

*Jena, den 23. Februar 1895.*

**Prof. Dr. Hirzel,**
z. Z. Dekan.

In der Geschichte des natürlichen Rechtes und der Politik wird der Name Spinoza's nur selten genannt. Der Grund mag wohl darin liegen, dass man sich grösstentheils mit seiner Ethik, der vornehmsten Quelle und dem Hauptbestandtheil seines philosophischen Systems, beschäftigt und darüber seine übrigen Schriften entweder ganz vergessen oder ihnen weniger Beachtung geschenkt hat. Zu diesen vernachlässigten Schriften gehört vor Allem Spinoza's Staatslehre. Geringschätzend blickte man auf sie herab, absprechende Kritik und stiefmütterliche Behandlung — nicht bloss in der Geschichte der Staatswissenschaften, sondern auch in der Geschichte der Philosophie — ward ihr zutheil. Hegel, Feuerbach, Tennemann, Erdmann, van der Linde u. A. m. erwähnen sie mit keiner Silbe. Ja, Orelli sagt in seiner Schrift, „er könne sich nicht entschliessen, diese Theorie aufzunehmen, weil sie Spinoza selbst nicht genug mit der reineren, höheren Ansicht der Ethik in Einklang gebracht habe".[1] Nur Wenige befassten sich eingehender mit dieser Lehre. Es sind ausser den gediegenen Arbeiten von Buhle, H. C. Sigwart und Camerer noch die speciellen von Horn[2] und Kriegsmann[3] zu nennen. Die Meisten hingegen begnügten sich mit einem kurzen Abriss und einem abfälligen Urtheil.

---

[1] Orelli: „Leben und Lehre Spinoza's", Aarau 1850, S. 163, Anm.

[2] Horn's übrigens tendenziöse Schrift „Spinoza's Staatslehre". Dresden 1863, enthält an manchen Stellen viel Falsches und namentlich dort, wo er seine eigenen politischen Ansichten ausspricht.

[3] Kriegsmann's Abhandlung „Die Rechts- und Staatstheorie B. de Spinoza's". Wandsbeck 1878, leidet wieder durch allzu knappe Fassung.

Und doch bleibt Spinoza's Staatslehre eine der merkwürdigsten Erzeugnisse des menschlichen Geistes und verdient die vorzüglichste Beachtung, zumal sie mit seinem Hauptwerke, der Ethik, in engster Verbindung steht. Treffend betont K. Fischer den Zusammenhang, in welchem die Staatslehre mit der Ethik steht. Er sagt: „Sowohl in dem theologisch-politischen Tractat, als in der Ethik ist die Staatslehre vorbereitet, namentlich mit der letzteren steht sie in der genauesten und unmittelbarsten Verbindung, sie ist nicht bloss auf die Ethik gefolgt, sondern aus ihr hervorgegangen und insbesonders durch deren zweiten und dritten Theil bedingt . . . Die Ethik und der politische Tractat stützen sich gegenseitig und weisen unmittelbar aufeinander hin . . . Der politische Tractat stützt sich unmittelbar auf die Affectenlehre und beruft sich in dieser Rücksicht auf die Ethik, die sie voraussetzt." [1]

Diese wenigen Darsteller der spinozistischen Staatslehre haben es, trotz mancher eingehenden Behandlung, dennoch unterlassen, des Verhältnisses Spinoza's zu den einzelnen Staatsformen in seinen beiden politischen Schriften zu gedenken. Nur K. Fischer war es wieder, der dieses Verhältnis vielleicht am richtigsten erkannt hat; leider fehlt bei ihm die Durchführung im Einzelnen.

Im Folgenden soll es daher unsere Aufgabe sein, zu untersuchen, wie sich Spinoza in seinen politischen Werken, dem theologisch-politischen und dem politischen Tractate, über die verschiedenen Staatsverfassungen äussert und aus welchen Gründen er in dem einen eine andere politische Gesinnung kundgiebt, als in dem anderen. Vorher ist es aber nothwendig, im Allgemeinen über den Ursprung, das Wesen und den Zweck des Staates bei Spinoza zu reden, ferner von welchen Philosophen er hierin abhängig ist und wie weit sich diese Abhängigkeit erstreckt, bevor wir an unser eigentliches Thema: die Darstellung der einzelnen Staatsformen und die Frage nach der besten Verfassung herantreten.

[1] Kuno Fischer, „Geschichte der neueren Philosophie". Bd. I, 2. Theil, S. 433. München 1880 (3. Aufl.).

# I.

Im Gegensatze zu der aristotelischen Ansicht, nach welcher der Mensch ein zur Gemeinschaft geschaffenes Wesen ist, meint Spinoza[1]), die Menschen seien nur deshalb gesellig, weil sie der gegenseitigen Hilfe bedürfen, weil sie die Furcht und die Noth überall zusammenführen. Aristoteles hatte gesagt, der Mensch ist ein *ζῷον συζῆν πεφυκός* oder ein *φύσει ζῷον πολιτικόν* [2]), Spinoza verwirft die Auffassung des Menschen als animal sociale, er geht von dem Satze aus: homines civiles non nascuntur, sed fiunt. [3]) Bei den Alten bestand die Aufgabe des Staates in der Realisierung der Idee des Guten, in der Verwirklichung der Sittlichkeit im grossen Ganzen; nach Spinoza haben sich die Menschen nur deshalb zum Staate vereinigt, weil er ihnen Sicherheit zur Erreichung der äusseren Güter darbietet und sie vor den Uebergriffen Anderer schützt.

Ausserhalb einer staatlichen Verbindung lebten die Menschen frei, ein Jeder seiner Natur nach. Ihre Leidenschaften und Triebe hatten ungehemmten freien Lauf, ein Jeder that alles, wozu ihn seine Begierde veranlasste. [4]) Von Niemandem abhängig, handelte man nach seinen Eingebungen und liess sich keine Einschrän-

---

[1]) Wir benützen für unsere Citate die zweibändige (wohl beste) Ausgabe von J. van Vloten und J. P. N. Land (1882—83); daneben die deutschen Uebersetzungen von Auerbach (5 Bände), Kirchmann (3 Bände) und Stern (Reclam).

[2]) Eth. Nic. IX, 9. — Pol. I, 2; III, 6.

[3]) Tract. polit. C. V, § 2.

[4]) Tract. theol. polit. C. XVI, p. 554, appetitus. — tract. polit. C. I, § 5. — Eth. IV, prop. 4, corol.

kungen gefallen. Was ein Jeder that, das that er mit Recht, denn er handelte nach dem Rechte der Natur. Im Naturzustande, sagt Spinoza,[1]) hat Jeder so viel Recht als er Macht besitzt, denn die Macht der Natur ist die Macht Gottes selbst, der doch das höchste Recht auf Alles hat. Weil aber die gesammte Macht der Natur nichts anderes ist, als die Summe der Macht aller Einzelwesen, so ergiebt sich, dass jedes Individuum das höchste Recht auf Alles hat, was es kann, oder dass das Recht eines Jeden so weit reicht als seine Macht, kurz jus und potentia fallen zusammen. Es ist daher in dieser Hinsicht kein Unterschied zu machen zwischen den Menschen und zwischen den anderen Naturwesen, zwischen den Thörichten und den Vernünftigen, denn was jedes Wesen nach den Gesetzen seiner Natur thut, das thut es mit dem höchsten Rechte. Das natürliche Recht des Menschen besteht aber auch in dem Rechte gemäss seiner individuellen Natur zu sein und zu wirken, oder es ist das Recht der Selbsterhaltung.[2]) Es liegt in der Natur jedes Einzelnen, sein Sein zu behaupten und zu wahren; ein Jeder sucht, ohne Rücksicht auf Andere zu nehmen, nur seinen eigenen Vortheil, sein eigenes Ziel zu erreichen. Ohne sich im Geringsten um einen Anderen zu kümmern, hat der Mensch nur seinen Nutzen im Auge, Selbstsucht ist das alleinige Motiv seines Handelns. Da nun Alle von Natur gleich sind und in diesem Zustande gleiches Recht auf Alles haben, so folgt, dass sie einander feind sind (homines ex natura hostes), weil Jeder das ihm Angenehme und Nützliche erstrebt und alle die zu hindern sucht, die ihm dasselbe streitig machen wollen. So ist dieser ursprüngliche Zustand nichts anderes, als ein bellum omnium contra omnes, ein ewiger Kampf um's Dasein. Jeder fühlt sich so lange frei, als er noch nicht von einem Anderen überwältigt ist, als er sich gegen Knechtung behaupten kann. Im Naturzustande ist das Leben elend; ohne gegenseitige Hilfe lebt

---

[1]) Tract. theol. polit. C. XVI, p. 552. — tract. polit. C. II, § 4.
[2]) Tract. theol. polit. C. XVI, p. 552 f. — tract. polit. C. II, § 3 f., §§ 15 und 18. — ibid. C. III, § 13. — ibid. C. V, § 2. ibid. C. VI, § 1. — Eth. IV, prop. 37, schol. 2.

ein Jeder, wiewohl in seinen Handlungen selbstständig (ex suo ingenio), so doch in grösster Lebensgefahr.¹) Hiezu kommt, dass die Menschen ihr Leben nicht erhalten können, wenn sie auf sich allein angewiesen sind. Und so regt sich denn das Bedürfnis nach Freiheit und Sicherheit, Jeder wünscht, so weit es möglich ist, ohne Furcht in Eintracht zu leben.²) Damit aber die Menschen friedlich zusammenleben und einander hilfreich sein können, ist es unbedingt nothwendig, dass sie sich ihres natürlichen Rechtes entäussern und sich gegen wechselseitige Uebergriffe sicher stellen. So kamen sie überein, nach einem gemeinschaftlichen Beschlusse Aller zu leben, ihre Begierden zu zügeln und Keinem etwas zuzufügen, was sie selbst nicht zu leiden bereit wären. Solche Sicherheit kann aber nur dann erreicht werden, wenn Jeder durch die Furcht eines grösseren Nachtheiles abgehalten wird, dem Anderen einen Schaden zu verursachen. Demgemäss wird eine Gemeinschaft gegründet, welche dasjenige Recht in Anspruch nimmt, dass ein Jeder ursprünglich besass, nämlich nach Belieben und nach Gutdünken über das urtheilen zu können, was gut, was schlecht ist — und diese Gemeinschaft heisst Staat.³) Da nun jeder Einzelne alle seine Macht auf den Staat überträgt, besitzt er nur so viel Macht und Recht, als ihm die gemeinsame Macht und das gemeinsame Recht der Anderen einräumt.⁴) Der Staat hat die Macht, Gesetze zu geben und sie durch Strafandrohungen in Ansehen zu erhalten;⁵) er schreibt die gemeinsame Lebensweise vor, er allein bestimmt, was recht und unrecht, gut und böse ist.⁶) Erst hier entsteht der Begriff der Sünde, des Vergehens (peccatum), der sich im Naturzustande nicht bilden konnte, weil Keiner verbunden war, einem Anderen zu gehorchen oder sich nach ihm

---

¹) Vgl. tract. polit. C. V, § 2.
²) Eth. IV. prop. 35, corol. — tract. theol. polit. C. XVI, p. 553. — Tract. polit. C. VI, § 1.
³) Eth. IV, prop. 37, schol. 2. — Tract. theol. polit. C. V, p. 436, societas. — ibid. C. XVI, p. 556.
⁴) Tract. polit. C. II, § 16.
⁵) Tract. theol. polit. C. XVI, p. 556.
⁶) Ibid. — tract. polit. C. III, §§ 1 und 3. — ibid. C. V, §§ 1 und 5.

zu richten. Ursprünglich fielen „gut" und „böse", „mein" und „dein" zusammen, in der Gemeinschaft jedoch wird nach gemeinsamem Recht entschieden, was Diesem oder Jenem gehört.

Hat sich nun einmal der Bürger des natürlichen Rechtes begeben und dasselbe auf den Staat übertragen, so steht er unter dessen Herrschaft, er hat keine Befugnis mehr, darüber zu entscheiden, was billig oder unbillig ist, er muss sich dem Willen des Staates fügen, der nunmehr für den Willen des Einzelnen gelten muss. Und wenn auch der Bürger manche Staatsgesetze für unbillig hält, ist er trotzdem verpflichtet, dieselben genau zu befolgen, denn er muss sich immer vergegenwärtigen, dass Alles, was die höchste Gewalt für recht und billig anerkennt, auch von einem Jeden als solches anerkannt sei.[1]) Doch darf der Staat die Naturrechte der Einzelnen nicht völlig aufheben, er darf sie nur beschränken und zwar so weit, als es die Sicherheit Aller und somit seine eigene Existenz verlangt.[2]) Falls ein Bürger den Gesetzen nicht gehorchen will, kann der Staat den Gehorsam dieses Bürgers erzwingen; doch darf er nichts erzwingen wollen, was sich nicht erzwingen lässt. Er darf nicht Meinungen, Gesinnungen, wissenschaftliche Ueberzeugung verbieten oder gar verfolgen, in dieser Hinsicht muss der Mensch frei sein. Die Gewalt des Staates erstreckt sich nur auf das Gebiet der menschlichen Handlung, niemals aber auf das Gebiet der menschlichen Erkenntnis.[3]) Der Zweck des bürgerlichen Zustandes besteht demnach in der Freiheit und in der Sicherheit des Lebens.[4]) — Sofern Spinoza lehrt, dass im Staate der Mensch aus dem sinnlichen Individuum vernünftiger Geist wird, dass er sich aus der Knechtschaft der Leidenschaften zur sittlichen Freiheit erhebt, so sehen wir daraus, dass bei ihm die bürgerliche Ver-

---

[1]) Tract. theol. polit. C. XVI. p. 557. — tract. polit. C. III. § 5.
[2]) Ibid. C. IV. §§ 4 und 5. — ibid. C. V. § 1.
[3]) Tract. theol. polit. C. XVI. p. 554. — tract. polit. C. III. § 8.
[4]) Eth. prop. 37. schol. 2. — tract. theol. pol. C. XVI. p. 558. — tract. polit. C. II und III; bes. C. V, § 2.

zustand währt so lange, als keine zwingende Macht vorhanden ist. Natürlich kann in einem solchen Zustande von den Begriffen des Gerechten und Ungerechten, von Industrie und Cultur nicht die Rede sein, sondern einzig und allein herrscht hier die immerwährende Gefahr eines gewaltsamen Todes. Es giebt aber eine Vorschrift der gesunden Vernunft (dictamen rectae rationis), welche lautet: Suche Frieden, soweit du ihn erhalten kannst, und wo du ihn nicht erhalten kannst, suche die Mittel zum Kriege."¹) Damit aber Frieden gewonnen werde, muss ein Jeder auf sein Recht auf Alles verzichten; damit nicht Jeder in beständiger Furcht lebe, muss er von seinem natürlichen Rechte, nach Belieben zu handeln, ablassen, und es auf Andere übertragen. ²) Diese Uebertragung ist eine gegenseitige, geschieht also durch Vertrag. Keiner darf gegen diese Verträge handeln, vielmehr müssen sie genau gehalten und die Treue bewahrt werden. ³) Geschieht dies nicht, so ist der alte Zustand — das Faustrecht — wieder da. Zur Erhaltung des Friedens ist es aber unbedingt nothwendig, dass der Wille Aller auf Einen reduciert wird und dass die Herrschaft über Alle nur Einer erhält. ⁴) Dadurch, dass eine Gesellschaft von Menschen zusammentritt, in der ein Jeder mittels Vertrages sich verpflichtet, dem Willen des Oberhauptes keinen Widerstand zu leisten, sondern ihm alle seine Kräfte zur Verfügung zu stellen, kommt der Staat oder die bürgerliche Gesellschaft zustande. ⁵) Sobald dieser gesellschaftliche Zustand errichtet ist, sind auch die Rechte der Gesetzgebung, die Ernennung der obrigkeitlichen Personen und Beamten des Staates, die Geschäfte des Krieges und des Friedens in der Hand dessen, der die höchste Gewalt inne hat. ⁶) Hobbes unterscheidet — nach antikem Muster — die drei Arten der Staatsverfassung: Demokratie, Aristokratie und Monarchie und hält die „gemischte" Verfassung für etwas Verfehltes, ja geradezu

---

¹) de cive I, §§ 13, 14 und 15. — ibid. II, § 2. — Lev. I. c. 14.
²) de cive II. § 3. — ibid. III. § 1. — Lev. I. prooem.
³) de cive III, § 4.
⁴) Lev. I. c. 17. — de cive V, § 6.
⁵) ibid. II. § 4 f. — ibid. V. §§ 3—9. — ibid. XIII. §§ 1—8. Lev. I. c. 17.
⁶) de cive VI, § 10. — Lev. I. c. 18.

Widersprechendes, da in einem solchen Regiment die Einheit (unio) des allgemeinen Willens nicht erhalten bleibt; auch von den drei Abarten will er nichts wissen.[1]) Indem er nun die einzelnen Staatsformen durchgeht und miteinander vergleicht, hält er die Monarchie für entschieden die beste, weil in ihr der Wille des Einzelnen am wenigsten mit dem Willen des Herrschers feindlich zusammentreffen kann (de cive XI). Obwohl der Herrscher im Besitze der höchsten Gewalt ist, hat er auch Pflichten, und zwar ist seine höchste Pflicht, für das Wohl des Volkes zu sorgen: salus populi suprema lex.[2]) Ihm kommt aber allein die Entscheidung über Recht und Unrecht zu, er befiehlt was recht und verbietet was unrecht ist; die Einzelnen haben nur den Gesetzen zu gehorchen.[3]) Ja, er kann sogar gegen die Naturgesetze handeln und damit thut er kein Unrecht, da er mit keinem von denjenigen im Vertrage steht, die ihm das Recht ertheilt haben. Die höchste Gewalt ist auch berechtigt, Belohnungen auszutheilen und Strafen zu verhängen; die letzteren sind dazu da, um die Bürger durch Schrecken im Gehorsam zu halten, nicht aber das verübte Verbrechen zu rächen.[4]) Auf diese Weise lässt Hobbes dem Einzelnen nur wenig Freiheit, doch vertheidigt er sich selbst gegen den Vorwurf, den man ihm wegen seiner Vorliebe für eine absolute Herrschaft machte, indem er behauptet, dass nur ein solches Regiment im Stande sei, den grausamen Kampf Aller gegen Alle zu beenden und dass es besser sei, lieber sicher unter einer gewaltsamen Herrschaft zu leben, als in ewiger Furcht im Naturzustande. Hobbes verwirft daher die Schriften der Griechen und Römer, weil ihre Lectüre schädlich wirke, indem sie zum Widerstand und Aufruhr reizen und schon viel Blutvergiessen verursacht haben. Was endlich die Staatsgewalt betrifft, so sagt Hobbes ausdrücklich im Leviathan, dass sie mit Bezug auf ihre besonderen Functionen untheilbar sei: „Regnum divisum in se ipso stare non potest."[5])

---

[1]) ibid. I, c. 19. — de cive VII, § 1.
[2]) ibid. XIII, § 2; Lev. I, c. 30.
[3]) ibid. I, c. 26.
[4]) de cive VII, § 4. — Lev. I, c. 28.
[5]) Lev. I, c. 18.

Man hat die Hobbes'sche Lehre wegen der vermeintlichen gänzlichen Verwerfung der sittlichen Ideen allgemein verdammt. Doch dies mit Unrecht, denn er hat nicht nur vereinzelte Aussprüche ethischen Inhalts gethan,[1]) sondern er betont nachdrücklich, dass im Naturzustande Gewissen, Vernunft, Nächstenliebe etc., wenn auch in geringem Masse, doch wohl anzutreffen seien. Natürlich muss man wieder zugeben, dass Hobbes diese sittlichen Ideen nicht zu begründen vermochte.

Es ist gewiss, dass Spinoza bei der Abfassung seiner politischen Schriften die Werke seines Zeitgenossen Th. Hobbes stets vor Augen gehabt hat und namentlich mit dessen Leviathan vertraut war.[2]) Man hat daher vielfach Beide in Parallele gestellt und die Grundzüge der Hobbes'schen Staatslehre in Spinoza wiedergefunden. Namentlich hat Hobbes' Ethik grossen Einfluss auf Spinoza geübt, doch bekämpft er dessen politische Richtung und ist ängstlich bemüht, in dieser Beziehung den Schein der Abhängigkeit zu zerstreuen. Im folgenden Abschnitte liegt es uns ob, zu zeigen, wie weit Spinoza dem Hobbes gefolgt ist und worin Beide von einander divergieren.

Die Schilderung des Naturzustandes ist bei Beiden auf den ersten Blick die gleiche und doch findet man bei eingehender Vergleichung einen grossen Unterschied heraus. Nach Hobbes hat ein Jeder ein Recht auf Alles,[3]) Spinoza dagegen sagt ausdrücklich, dass der Mensch nur so viel Recht hat, als er Macht besitzt;[4]) das ist keineswegs Alles! Begierden und Leidenschaften sind dem Spinoza nothwendige Eigenschaften der menschlichen Natur und sind geradeso natürlich wie Vernunftäusserungen; doch Hobbes will diese Triebe und Leidenschaften unterdrücken, er will sie durch die Furcht gefesselt wissen. Hobbes behauptet,[5])

---

[1]) Vgl. Ueberweg-Heinze: „Grundriss der Geschichte der Philosophie", Bd. III, S. 40. — R. Falckenberg: „Geschichte der neueren Philosophie", Leipzig 1892, S. 63, Anm. 1.
[2]) Hobbes' Werke sind zu Spinoza's Zeiten (1668) in Amsterdam im Drucke erschienen.
[3]) de cive I, 12 und Lev. I, c. 14.
[4]) Tract. theol. polit. C. XVI, p. 552. — tract. polit. C. II, § 4.
[5]) Lev. I, c. 11.

die Glückseligkeit bestehe nicht in der Seelenruhe, Spinoza hat die gegentheilige Ansicht, die er namentlich an mehreren Stellen des fünften Theiles der Ethik ausspricht, indem er einzig und allein in der Vernunft und in der Erkenntnisfähigkeit die Anleitung zum höchsten Glücke sieht. Dagegen stimmen Hobbes und Spinoza überein, wenn sie die aristotelische Ansicht, der Mensch sei ein von Natur geselliges Wesen, verwerfen. Nach Beiden scharen sich vielmehr die Menschen nur deshalb zusammen, weil sie der gegenseitigen Hilfe bedürfen, weil sie nur mit vereinten Kräften den Feinden Widerstand zu leisten vermögen.[1]) Sowohl nach Hobbes als nach Spinoza wird der Mensch durch seine sinnliche Natur getrieben und alles ursprüngliche Recht ist Recht der Selbsterhaltung. In einem solchen Zustande, in welchem nur der Trieb der Selbsterhaltung herrscht, muss nothwendig die Selbstsucht des Einen mit der des Anderen in Conflict gerathen und ein Kampf Aller gegen Alle ist die Folge.[2]) In diesem Kampfe ist Niemand seines Lebens sicher und daher sehnt sich bald ein Jeder nach Frieden und Eintracht. Zur Erreichung des Friedens und der Sicherheit tritt eine Vereinigung (societas) von Menschen zusammen und gründet den Staat, indem alle Mitglieder dieser Gesellschaft sich verpflichten, miteinander Frieden zu halten und sich gemeinsam gegen den Feind zu vertheidigen.[3]) Beide leiten also den status civilis von dem status naturalis ab. Aber die ursprünglichen Rechte bleiben bei Spinoza unverletzt, auch wenn bereits die bürgerliche Gesellschaft gegründet ist: es hat sich beim Eintritt in den status civilis nichts geändert, die Menschen bleiben weiter, was sie im Naturzustande waren; er selbst spricht es aus: „Das natürliche Recht erlischt im Staate nicht, denn der Mensch handelt sowohl im natürlichen wie im bürgerlichen Zustand nach den Gesetzen seiner Natur und sorgt für seinen Nutzen."[4]) Bei Hobbes dagegen werden die natürlichen Rechte der Menschen

---

[1]) Tract. polit. C. II. § 15. — Lev. I, c. 17.
[2]) de corpore pol. I. 1, 12. — Lev. I. c. 13. — de cive praef. I, 12. — tract. theol. polit. C. XVI, p. 552. — tract. polit. C. II, § 14.
[3]) de cive C. V, § 9. — tract. polit. C. II, § 16 f.
[4]) Tract. polit. C. III, § 3.

zerstört: in dem Momente, wo die Menschen in den Staat eintreten, gilt allein das Staatsrecht. Mit der Errichtung der Staatsgewalt fällt ihre natürliche Freiheit, sie haben sich willenlos dem Oberhaupte zu unterwerfen.¹) Hieraus ist auch zu verstehen, was Spinoza in seinem 50. Briefe schreibt: „Was die Politik betrifft, so besteht der Unterschied zwischen mir und Hobbes darin, dass ich das natürliche Recht stets unangetastet erhalte und dass ich den Grundsatz aufstelle, dass der höchsten Staatsgewalt nicht mehr Recht über die Unterthanen zusteht, als nach Massgabe der Gewalt, welche sie über die Unterthanen hat, was im Naturzustande stets stattfindet." Diese kurze Bemerkung enthält, wohlverstanden, in der That Alles und zeigt uns aufs Deutlichste den Divergenzpunkt beider Lehren. Spinoza und Hobbes erklären sich gegen die antike Ansicht, nach der der Staat φύσει πρότερον ist als das Individuum, sie setzen nicht das Ganze vor den Theilen, sondern ihnen gilt der Grundsatz: die Theile sind früher als das Ganze; demgemäss denken sie vorerst an die Einzelnen und dann an deren Verbindung im Staat. Beide unterwerfen die Willkür der Individuen der Staatsgewalt, nichtsdestoweniger sind die Unterthanen eines Staates keine Sclaven zu nennen. Durch die höchste Gewalt im Staate wird ein Jeder gehindert zu thun, was er möchte, doch dadurch wird er nicht unterdrückt, wohl aber regiert.²) Dagegen will Spinoza im Gegensatz zu Hobbes das natürliche Recht des Einzelnen, besonders in Rücksicht auf die Entwickelung zur Vernunft und zur Freiheit, soweit als möglich festhalten.

Hobbes unterscheidet wie Spinoza, ganz nach aristotelischem Muster, drei Arten der Staatsverfassung: Demokratie, Aristokratie und Monarchie, je nachdem sich die Staatsgewalt in den Händen Vieler, einer Körperschaft von vornehmen Bürgern, oder in den Händen Eines sich befindet.³) Während aber Hobbes die Monarchie für die beste Staatsform hält, und dies namentlich deshalb, weil in dem Herrscher die Person des Staates mit der

---

¹) de cive C. VI. § 19. — ibid. XII. § 8.
²) de cive IX, § 9. — tract. theol. polit. C. XVI, p. 558.
³) de cive VI. § 20. — ibid. C. VII. § 1. — tract. polit. C. II. § 17.

„natürlichen" Person zusammenfällt,[1] will Spinoza von einem absoluten Willen nichts wissen; zwar giebt er auch zu, dass die monarchischen Staatsformen meist längere Dauer gehabt haben, als die republikanischen,[2] allein er glaubt, auch ohne Uebertragung aller Macht auf den Willen eines Einzigen eine feste und und dauernde Herrschaft herstellen zu können. Auch aus einem anderen Grunde konnte er der Monarchie nicht den Vorzug vor den anderen Staatsverfassungen geben, weil er „keine so wüste Vorstellung von dem natürlichen Recht gehabt haben kann, wie ihm von Vielen angedichtet wird".[3] Er, der die natürlichen Rechte des Menschen im Staate nicht „antastet", musste die Staatsform für die beste erklären, welche die „natürlichste" ist. Im theologisch-politischen Tractat[4] gibt er selbst den Grund an: „Ich habe die demokratische Staatsform vor allem behandelt, weil sie die natürlichste ist, und der Freiheit, welche die Natur jedem Einzelnen gewährt, am meisten entspricht. Denn in der Demokratie überträgt Niemand sein Naturrecht derart auf einen Anderen, dass er selbst in Zukunft nie mehr zu Rathe gezogen wird, sondern er überträgt sein Naturrecht auf die Mehrheit der ganzen Gesellschaft, von welcher er selbst einen Theil bildet. Auf diese Weise bleiben sich Alle gleich, wie zuvor im natürlichen Zustand." Der Staat entsteht nach Hobbes durch Vertrag, aber der eigentliche Grund ist doch die Unterwerfung Aller unter die Herrschaft eines Einzigen. Wohl entsteht die monarchische Verfassung aus der demokratischen, da sie ihren Ursprung aus der Macht des Volkes nimmt, aber sobald das Volk dem Monarchen die Herrschaft gegeben, ist sie auch eine unbeschränkte, das Volk hört auf, Person zu sein;[5] hier regiert Einer über Alle, der König allein ist das Volk (rex est populus). Ja, selbst Gedanken, Gesinnungen und Urtheile unterliegen der

---

[1] de cive X, § 17. — Lev. I, c. 19.
[2] Tract. polit. C. VI, § 4.
[3] Vgl. H. C. Sigwart: „Vergleichung der Rechts- und Staatstheorien des B. de Spinoza und Th. Hobbes". Tübingen 1842, S. 52.
[4] Tract. theol. polit. C. XVI. p. 558.
[5] de cive VII, § 15.

Gewalt des Herrschers.[1] Eine solche Verfassung muss Spinoza im Grunde verhasst sein; er selbst giebt ja die Schranken der Staatsgewalt an[2] und sagt ausdrücklich, „dass sich Niemand der Urtheilskraft begeben könne".[3] Obwohl nun Beide bezüglich der besten Staatsform anderer Ansicht sind, sind sie doch einig, wenn sie in der Demokratie die ursprünglichste Staatsform sehen und aus ihr erst die Aristokratie und zuletzt die Monarchie entspringen lassen.[4] Der Monarch hat nach Hobbes nicht bloss das Recht, sich einen Nachfolger zu bestimmen, er muss vielmehr für die Nachfolge, und zwar möglichst noch bei Lebzeiten, sorgen, da sonst sofort der Naturzustand eintreten würde;[5] ja er kann sogar über den Staat verfügen, wie er will. Ganz anders urtheilt Spinoza. „Es ist ein Irrthum, wenn man meint, dass der König Eigenthümer des Reiches sei, vielmehr ist der Wille des Königs nur so lange giltig, als er das Schwert des Reiches führt" (quamdiu Civitatis gladium tenet).[6] Aber trotz dieses unumschränkten Besitzes der Staatsgewalt hat nach Hobbes der Fürst auch Pflichten zu erfüllen, und zwar ist seine höchste, heiligste Aufgabe, Frieden zu halten und für das Wohl des Volkes zu sorgen;[7] hierin stimmt Hobbes mit Spinoza ganz überein, denn auch dieser sagt: „Der Monarch ist dann am selbstständigsten, wenn er am meisten für die Wohlfahrt seines Volkes sorgt."[8]

Schliesslich wäre noch hier nachzutragen, dass Hobbes den Begriff des Rechtes, das, wie bei Spinoza, erst in der bürgerlichen Gesellschaft zustande kommt, mehr im negativen Sinne ausführt. Das Recht ist gegründet, damit nicht die Menschen in ewiger Furcht leben sollen, damit nicht der im Naturzustande

---

[1] Lev. I. 42.
[2] Tract. polit. C. III. §§ 7—9.
[3] ibid. § 8.
[4] de cive C. VII und tract. polit. C. VIII. § 12.
[5] Lev. I. c. 19.
[6] Tract. polit. C. VII. § 25. — vgl. Sigwart's oben erwähnte Schrift, S. 115.
[7] de cive C. XIII. § 2. — Lev. I. c. 30.
[8] Tract. polit. C. VI. § 8.

bestehende gegenseitige Kampf Alle aufreibe und vernichte. Spinoza hingegen leitet das Recht aus der Eintracht ab; nur dort ist mehr Recht vorhanden, wo mehr Eintracht zu finden ist, denn wenn viele Menschen einträchtig zusammenleben, da haben sie auch mehr Macht, denn Macht und Recht fallen zusammen. Hobbes fasst also den Grund des Rechtes negativ, Spinoza hingegen positiv.[1])

Es bleibt uns noch übrig, Beide von der formellen Seite zu betrachten und miteinander zu vergleichen. Schon der Stil ist bei beiden philosophischen Schriftstellern ein ganz verschiedener. Hobbes' Sätze sind nicht frei von einer gewissen gebietenden Strenge; gemäss seiner zähen, unerbittlichen Natur sind seine Lehren nur Gebote, Gesetze. Bei Spinoza's freiem Geist aber, bei seiner Vorliebe für die Freiheit konnten seine Lehrsätze als wohlgemeinte Rathschläge hingestellt werden. Der Grund dieser stilistischen Verschiedenheit ist wohl leicht zu finden, wenn man bedenkt, dass Hobbes seine politischen Schriften zu einer Zeit verfasste, da der grässlichste Parteihader in seinem Vaterlande wüthete, zu einer Zeit, da Cromwells allgemein verhasste Herrschaft jedes freiheitliche Gefühl im Keime erstickte. Was Wunder, dass sein Buch „de cive" und sein „Leviathan" immer nur den Absolutismus hervorkehrten. Sah doch Hobbes in der unbeschränkten Herrschaft das wirksamste Mittel, den Bürgerkämpfen, zu denen sich noch religiöse Streitigkeiten hinzugesellten, ein Ende zu bereiten. Spinoza lebte jedoch in einem freien Lande, wo gesicherte Zustände herrschten, wo er in vollen Zügen die Freiheit geniessen konnte. Im theologisch-politischen Tractat spricht er selbst von seiner Heimat: „Da mir das Glück zutheil geworden ist, in einem Staate zu leben, worin Jedem die unbeschränkte Meinungsfreiheit und das Recht, Gott nach eigener Ueberzeugung zu verehren, zugestanden ist, und worin die Freiheit als das theuerste und köstlichste Gut geschätzt wird..."[2])

---

[1]) Vgl. A. Trendelenburg: „Naturrecht auf dem Grunde der Ethik", 1860, S. 12.
[2]) Tract. theol. polit. praef. p. 371.

Die Vergleichung dieser beiden Staatstheorien hat demnach gezeigt, dass Spinoza Vieles von Hobbes entnommen, Vieles von ihm gelernt hat, doch war er ein zu origineller Geist, um in Allem Hobbes zu folgen, vielmehr übernahm er „seine Theorie, um sie ganz eigenartig zu verarbeiten und ihr das Gepräge seines Geistes zu geben".[1])

## B. Niccolò Machiavelli.[2])

Unter den Staatswissenschaftlern der neueren Zeit nimmt Machiavelli eine hervorragende Stelle ein. Er war durch die Alten gebildet und erblickte auch in ihren politischen Einrichtungen das Muster eines Staatslebens, obwohl er das Gebrechen der früheren Verfassung Roms nicht verkannte.[3]) Als politischer Schriftsteller wurde er bekannt durch seinen „Principe" und seine „Discorsi" über die erste Dekade des T. Livius. Die Nothwendigkeit der staatlichen Einheit Italiens sieht er klar ein und ist von diesem Gedanken so ganz erfüllt, dass er Alles bedingungslos zerstören und vernichten will, was sich dem höchsten Ziele seiner Politik hindernd in den Weg stellt.

Einzig und allein, sagt Machiavelli, hat die Kirche die Einigung Italiens verhindert: die weltliche Macht der Päpste und ihre Einmischung in die Staatsangelegenheiten sind die Ursachen unseres Unterganges. Und mit einer Bitterkeit, die schon an Hass grenzt, sagt er: „Wir Italiener verdanken der Kirche, dass wir irreligiös und schlecht geworden sind."[4]) Die allgemeine Annahme, dass Machiavelli ein Feind der Freiheit und der Tugend sei, ist unrichtig; auch er tritt für die Gleichheit der Bürger ein und die Freiheit hat keinen wärmeren Fürsprecher

---

[1]) Vgl. Georg Kriegsmann: „Die Rechts- und Staatstheorie des B. de Spinoza". Wandsbeck 1878, S. XI.

[2]) Die Machiavelli-Literatur hat mehrere gute Schriften aufzuweisen; besonders erwähne ich, neben Vorländer und v. Mohl, Pasquale Villari's neuestes Werk: „Niccolo Machiavelli und seine Zeit" in 3 Bänden. 1882.

[3]) Vgl. Ellinger: „Die antiken Quellen der Staatslehre des Machiavelli" in der Zeitschrift für die gesammte Staatswissenschaft. Bd. 44 (1888).

[4]) Discorsi I. 12.

als ihn. Demgemäss entscheidet er sich anfangs für die republikanischen Verfassungen, wie er sie namentlich in der antiken Welt vor Augen hatte. In den Discorsi sagt er ausdrücklich: „Staaten sind niemals grösser und reicher geworden, als wenn die Freiheit in ihnen blühte, wie z. B. Athen und Rom."[1] Doch sind diese Staatsformen nach seiner Meinung nur dann möglich, wenn das Volk noch nicht völlig verderbt ist. Sind aber die Menschen einmal Sclaven der Leidenschaften geworden und haben sie sich den Lastern ergeben, so kann die Republik äusserst gefährlich werden. Zu Machiavelli's Zeiten war die Verderbtheit in Italien eine allgemeine; die italienischen Republiken verfielen durch ihre zügellose Freiheit immer mehr in Anarchie. Deshalb gieng Machiavelli's einziges Bestreben dahin, Italiens Einheit herzustellen und es von den trostlosen Zuständen der Fremdherrschaft zu befreien. In der absoluten Herrschaft allein sah er das wirksamste Mittel, um der allgemeinen Corruption Einhalt zu thun. — Zur Staatsgewalt schwang sich Einer, der Alle überragte, mit Gewalt und List empor.[2] War er nun einmal Herr des Staates, so war Alles von seiner Willkür abhängig; wollte jedoch ein solcher Herrscher einen anderen Weg einschlagen, d. h. wollte er ehrlich und menschlich handeln, dann würde er sich selbst zu Grunde richten, würde er selbst die Ursache seines Unterganges sein, ohne Jemandem dabei zu nützen.[3] Nur mit Gewalt und Betrug muss er die Macht erlangen und darf selbst nicht vor unerlaubten Mitteln zurückschrecken, wenn ein Einzelner oder Mehrere seiner Macht entgegentreten. Und wenn es ihm doch widerstrebt, all' dies Schreckliche zu thun, so soll er sich lieber — so räth Machiavelli — ins Privatleben zurückziehen. Der Herrscher muss aber vor Allem immer nur das Beste des Vaterlandes im Auge haben, auf sein eigenes Privatwohl aber nicht achten, er muss wissen, „zur rechten Zeit Mensch und Thier zu sein".[4] Er soll auch das

---

[1] Discorsi II, 2.
[2] Discorsi I, c. 17 und 18.
[3] principe, c. XV.
[4] ibid. c. XVIII.

Volk zu gewinnen suchen, indem er einem Jeden gegenüber seine wahre Gesinnung verbirgt und den Schein der Tugend zu wahren sucht; dieser Schein wird ihm bisweilen nützlicher sein als die Tugend selbst. Was die Staatenbildung betrifft, so unterlässt es Machiavelli, die Gründe hiefür anzugeben, er begnügt sich mit der Bemerkung: „Die Menschen lebten anfänglich wie Thiere, dann dachten sie daran, sich zur besseren Vertheidigung um ein Haupt zu scharen und erwählten den Stärksten. So entstand die menschliche Gesellschaft.[1]) Wie die Schule der Scholastik, so unterscheidet auch er drei reine Formen der Staatsverfassung: Monarchie, Aristokratie, Demokratie und diesen entsprechend drei Abarten: Tyrannis, Oligarchie, Ochlokratie (Anarchie).[2]) Für die beste und dauerhafteste Staatsform hält er eine aus den drei reinen Formen gemischte, wie sie in Sparta, Rom und Venedig existierte. Die Staaten pflegen einen Cirkel zu durchlaufen, indem zuerst monarchische Oberhäupter gewählt wurden, dann durch Vertreibung der Machthaber die Aristokratie errichtet wurde und schliesslich auch diese Verfassung, nachdem sie zur Oligarchie geworden, der Demokratie Platz machen musste. Aber kein Staat hat so viel Kraft, alle diese Veränderungen auszuhalten.

So weit in Kurzem seine politischen Ansichten, denen man von jeher Härte und Gewaltsamkeit vorwarf. Wenn man aber bedenkt, dass er trotz seines „kalt berechnenden Realismus, der bis zur Niederträchtigkeit gesteigert wird",[3]) dennoch ideale Ziele mit aufopferndem Ernste anstrebt, wenn man ferner erwägt, dass sein Denken und Trachten ganz in der Regeneration seines Vaterlandes aufgeht, dann wird man ihn gerechter beurtheilen, als man es bisher that. Wenden wir uns nun zu Spinoza und vergleichen wir seine rechtsphilosophischen und politischen Ansichten mit denen Machiavelli's, so werden wir finden, dass er sich in manchen wesentlichen Dingen an ihn anschliesst, in vielen

---

[1]) Discorsi I. c. 2.
[2]) ibid.
[3]) Vgl. Bluntschli: „Geschichte des allgemeinen Staatsrechtes und der Politik." München 1864. S. 15.

anderen aber und vor Allem in der politischen Richtung bedeutend von ihm abweicht.

Spinoza kannte die Werke des „geistreichen Florentiners" wohl; er selbst citiert im politischen Tractat seinen „Principe"[1]) und seine „Discorsi"[2]) und schätzte ihn mehr als die meisten seiner Zeitgenossen; ja der Einfluss, den er von dorther erfuhr, war vielleicht grösser, als er sich selbst dessen bewusst war. Gleich der Beginn des politischen Tractates ist mit Machiavelli's Principe, c. XV, und seinen Discorsi I, c. 3, zu vergleichen. Spinoza meint nämlich (tract. polit. I, § 1), die Philosophen nehmen die Menschen nicht wie sie sind, sondern wie sie sein sollten, eine Ansicht, in der er sich an Machiavelli anschliesst, denn dieser sagt an der oben erwähnten Stelle: „Viele haben sich Republiken ausgedacht, die man in Wirklichkeit niemals geschaut und gekannt hat, denn eine grosse Kluft ist zwischen der Art und Weise wie man lebt, und der, wie man leben sollte."[3]) Aehnlich lautet die andere Stelle: „Wer eine Republik einrichtet und Gesetze in dieser anordnet, der muss alle Menschen als schlecht voraussetzen und dass sie immer die Bosheit des Geistes ihn werden fühlen lassen, so oft sie eben dazu unbehindert Gelegenheit haben."[4]) Gleich Spinoza betont er, dass die Menschen von Leidenschaften beherrscht werden und dass die Begriffe des Guten und Schlechten erst in der bürgerlichen Gesellschaft möglich seien.[5]) Beide behaupten, man müsse wenn man die Verfassungen erhalten wolle, auf die Natur derselben zurückgehen. Dies führt Machiavelli, wie Spinoza selbst angiebt, in seinen Discorsi III, 1, näher aus. Die zusammengesetzten Körperschaften, z. B. die Republiken, können nur dann ihren festgesetzten Gang gehen, wenn ihre einzelnen Theile in Ordnung sind; sind diese aber in Verwirrung gebracht worden, so müssen sie aus ihrer Veränderung wieder zu ihren ursprünglichen Prin-

---

[1]) Tract. polit. C. V. § 7.
[2]) ibid. C. X, § 1.
[3]) principe c. XV.
[4]) Discorsi I, 3.
[5]) Discorsi I, 2.

cipien zurückgeführt werden. „Gerade wie im menschlichen Körper sich immer etwas ansammelt, was der Heilung zur rechten Zeit bedarf, so muss auch die Staatsverfassung auf die Grundlagen, auf denen sie errichtet worden ist, zurückgebracht werden."[1]) Dieses Zurückführen zu den ursprünglichen Principien geschieht bei den Republiken entweder zufällig oder durch ein Ereignis von aussen oder vermöge guter Gesetze. Was die Eintheilung der Staatsformen betrifft, so hält er an der aristotelischen Dreitheilung fest, die auch Spinoza beibehalten hat.[2]) Während jedoch bei Spinoza die demokratische Staatsform als die ursprünglichste erscheint (aus der dann die Aristokratie und schliesslich die Monarchie entspringt), findet man bei Machiavelli die monarchische als die erste angegeben, also die umgekehrte Reihenfolge. Machiavelli sieht — wie Spinoza — in den Gesetzen die Fundamente des sittlichen Lebens und guter Sitten und erklärt die Freiheit für einen nothwendigen Faktor für das Gedeihen der Länder und Städte. Gleichheit der Bürger betont er ebenso nachdrücklich wie Spinoza,[3]) denn nur da, wo Gleichheit der Stände vorherrscht, sind freie Institutionen möglich; nur von der zügellosen Freiheit, die der Willkür gleichkommt, will er nichts wissen. Bei der Bestimmung der besten Verfassung musste sich Machiavelli, der unter einem monarchischen Staat zu leben gewohnt war, gegen jede Demokratie aussprechen; doch redet er auch den zwei übrigen Staatsformen, der Aristokratie und der Monarchie, nicht das Wort, sondern hält die aus den drei guten Formen vereinigte Verfassung für die festeste und dauerhafteste Regierung. Wenden wir uns aber zu Spinoza, so finden wir, dass er Machiavelli nicht beistimmt, denn im theologisch-politischen Tractat behauptet er, dass gerade der Umstand, dass die Juden ihre ursprüngliche demokratische Verfassung in eine Monarchie verwandelten, ihr Unglück herbeigeführt hätte, denn von der Zeit an, als sie Könige hatten, nahmen die Bürgerkriege fast kein Ende.[4]) Doch abgesehen von dieser Stelle, er-

---

[1]) Tract. polit. C. X. § 1.
[2]) Discorsi I, 2 und tract. polit. C. II. § 17.
[3]) Discorsi I, 55.
[4]) Tract. theol. polit. C. XVIII, p. 587.

scheint Spinoza in seinen politischen Schriften jeder monarchischen Regierung durchaus abgeneigt und erklärt die Demokratie allein für die vernunftgemässe Staatsform.[1]) Dagegen sind Beide einer Meinung, wenn sie behaupten, dass jeder Staat nothwendig seine Regierungsform behalten müsse, und dass sie nur unter Gefahr des gänzlichen Unterganges geändert werden könne.[2]) In dieser Hinsicht ist Machiavelli sogar gegen Abschaffung einer republikanischen Verfassung; ist diese einmal als Regierungsform angenommen worden, darf sie auch nicht in eine andere umgewandelt werden; doch ist diese nur da möglich, wo das Gros des Volkes noch nicht verderbt ist.[3]) In einem corrumpierten Staate, wo Gesetze nicht beachtet werden, da ist nur die monarchische Staatsgewalt im Stande, die Zügellosigkeit der Staatsangehörigen nieder zu werfen. Der Besitzer der höchsten Gewalt kann sogar nach Willkür schalten und walten, wenn es nöthig ist[4]) und nur dadurch können verderbte Staaten regeneriert werden.[5]) Dass ein Land nie glücklich und in friedlicher Eintracht gelebt, wenn es nicht von *einem* Fürsten beherrscht ward, führt er näher in seinen Discorsi I. 12, aus. Ja, Machiavelli scheut sich nicht zu sagen, dass ein weiser Fürst, um Ruhe herzustellen und sein Ansehen sich zu erhalten, vor einer grausamen That nicht zurückschrecken soll;[6]) er fragt nicht, ob die anzuwendenden Mittel gut oder schlecht, sondern nur, ob sie nützlich oder nicht nützlich sind. Es soll aber damit nicht behauptet werden, er hätte das Principat des Fürsten in eine Tyrannis verwandelt; er verlangt Gewalt nur zur Wiederherstellung der Ordnung, zerstörende Gewalt wird von ihm selbst missbilligt. In seinem Principe (c. XV) vertheidigt er sich selbst gegen etwaige Vorwürfe, die man gegen ihn wegen seiner rücksichtslosen Härte erheben könnte. Der Fürst muss ferner bisweilen gegen Liebe, Gerechtigkeit und Treue vorgehen, ja er ist

---

[1]) ibid. C. XVI, p. 558 und a. v. O.
[2]) Tract. theol. polit. C. XVIII fin. — Discorsi III. 6.
[3]) Discorsi I, 55.
[4]) ibid. I, 9.
[5]) ibid. I, 17.
[6]) ibid. I, 9.

gezwungen, ganze Geschlechter auszutilgen, wenn seine Person bedroht wird.¹) Das eben Ausgeführte bildet einen scharfen Contrast zu Spinoza's Anschauungen. Seine Aeusserung in der Praefatio des theologisch-politischen Tractates, überhaupt der ganze Ideengang dieser Schrift zeigt so recht deutlich, wie volksfreundlich, wie antimonarchisch er dachte. Es würde uns wohl zu weit führen, brächten wir alle Stellen, die der Freiheit das Wort reden. Wenden wir uns nun zum politischen Tractate. Wohl gilt Spinoza auch hier noch die Freiheit als die Hauptsache im Staate, doch finden wir Stellen genug, die alle zeigen, dass sie nicht frei sind von einer machiavellistischen Härte und Strenge. So z. B. meint Spinoza, man müsse die eroberten Städte völlig zerstören und die Einwohnerschaft versetzen.²) In diesem Punkte scheint Machiavelli's Principe aus Spinoza zu sprechen. Bei der Schilderung der Aristokratie treffen wir noch einmal eine gleichlautende Stelle. Spinoza sagt dort: „Die im Kriege eroberten Städte und die durch das Reich anderweitig erworbenen ... müssen durch Wohlthaten besiegt und verpflichtet werden ... oder es müssen Colonien, mit dem Bürgerrechte ausgestattet, dahin gesendet und die alte Einwohnerschaft verschickt oder gar vernichtet werden."³) Diese Vorschrift können wir mit Sicherheit auf Machiavelli's Ausführungen im III. und V. Capitel seines Principe und in seinen Discorsi c. II. 23. zurückführen. Spinoza kennt eben hier nur, wie Kirchmann richtig bemerkt,⁴) „die Extreme der Freundschaft und Feindschaft, obgleich der Mittelweg einer Assimilirung näher lag." Wir sehen also, dass Spinoza in dem politischen Tractate dem Machiavelli näher steht, als es in der theologisch-politischen Abhandlung der Fall ist, und dass sich gewisse Wandlungen in seinen Ansichten vollzogen. Die Philosophie des Staates fliesst bei Spinoza im späteren Alter nicht so sehr aus der Speculation, sondern

---

¹) ibid. III, 5.
²) Tract. polit. C. VI, § 35.
³) Tract. polit. C. IX, § 13.
⁴) Vgl. Kirchmann's: „Erläuterungen zu Spinoza's politischer Abhandlung", Heidelberg 1882, S. 129.

aus der praktischen Beobachtung. Doch steht er auch hier tief unter Machiavelli, da dieser aus den geschichtlich gegebenen Verhältnissen, Spinoza dagegen aus metaphisischen Grundsätzen seine politischen Theorien ableitete.

## C. Hugo Grotius.

Die Theorie des natürlichen- oder des Naturrechtes (jus naturale oder jus naturae) hatte Spinoza sowohl im theologisch-politischen[1]) als auch im politischen Tractat[2]) behandelt. Allein die philosophischen Grundlagen seiner Rechtslehre sind nicht den daraufbezüglichen Ausführungen seiner Ethik[3]) entlehnt; wir haben vielmehr gesehen, dass Spinoza sie von Hobbes übernommen und sie nach seinem Geiste verarbeitet hat, indem er den Begriff des Rechtes consequenter entwickelte. Beide jedoch — Hobbes wie Spinoza — gehen auf eine gemeinschaftliche primäre Quelle zurück — auf Grotius. — Huig de Groot ist nicht selten und mit vollem Rechte der Vater der Naturrechts-lehren genannt worden. Er war es nämlich, der sich durch philosophische Untersuchungen von dem Natur- und Völker-rechte eine solche Geltung und Anerkennung verschaffte, dass er bestimmend auf die weitere Entwicklung einwirkte; er hatte durch sein epochemachendes Werk „de jure belli ac pacis" die Theorie vom Staatsvertrage und von der übertragenen Gewalt zuerst in sein System aufgenommen und die Grundlagen des Völkerrechtes als Erster im Zusammenhang mit den allgemeinen Principien des Naturrechtes in recht ausführlicher Weise ent-wickelt, kurz er war der systematische Darsteller der neueren philosophischen Rechtslehre. Kein Wunder also, dass sein Werk einen grossen Einfluss auf die Entwicklung der späteren Rechts- und Staatsphilosophie ausübte. Auch Spinoza wurde von seinem Landsmanne beeinflusst, wenn auch in besonderer Weise; denn

---

[1]) Tract. theol. polit. C. XVI, p. 552. — ibid. C. XVII, p. 564.
[2]) Tract. polit. C. II, §§ 1—6.
[3]) Eth. pars III an vielen Stellen; besonders aber pars IV, prop. 37, schol. 2.

während er unter directer Einwirkung von Hobbes stand und sich eng an ihn anschloss, gebrauchte er Grotius' Ausführungen nur als Mittel, als Werkzeug, um die Lehre des Hobbes einzuschränken, sie zu mildern und zu mässigen. Gleichwohl finden wir, dass er in seiner Rechts- und Staatslehre nur in Wenigem de Groot beipflichtet, indem er in der Hauptsache, gleich Hobbes, der sich die Bekämpfung der Groot'schen Lehren zur Aufgabe stellte, von ihm abweicht. Treffend sagt Vorländer von den naturgesetzlichen Lehren des H. Grotius und Spinoza, „dass sie in einer gewissen Mitte zwischen den naturalistisch-socialen Systemen der Engländer und den abstract-metaphysischen der Franzosen stehen." [1])

Im Gegensatze zu seinen Vorgängern hatte sich Grotius auf das Gebiet der Rechtswissenschaft beschränkt, indem er wie Bacon und Descartes die Philosophie von der Scholastik, die Ethik von der Theologie löste und erstere zunächst in ein naturrechtliches Gewand kleidete; diese Emancipation von der Theologie hatte er mit grösserem Erfolge als seine Vorgänger vollzogen. Gleich am Eingange seines Werkes[2]) unterscheidet Grotius einen veränderlichen, willkürlichen Theil der Rechtswissenschaft und einen unveränderlichen, ewigen, von denen er jenen das positive, diesen das natürliche Recht nennt. Letzteres definiert er als „ein Gebot der Vernunft, das anzeigt, dass eine Handlung wegen ihrer Uebereinstimmung oder Nichtübereinstimmung mit der vernünftigen Natur selbst eine moralische Nothwendigkeit oder eine moralische Hässlichkeit innewohne, weshalb Gott, als der Schöpfer der Natur, eine solche Handlung entweder geboten oder verboten habe." [3]) — Das natürliche Recht hält er also für unveränderlich, ja sogar unabhängig von der Existenz und dem Willen Gottes.[4]) Die Principien des allgemeinen Rechtes findet Grotius nur in der menschlichen, nicht

---

[1]) Vgl. Vorländer: „Geschichte der philosophischen Moral, Rechts- u. Staatslehre der Engländer und Franzosen", Marburg 1855. S. 29.
[2]) de jure belli ac pacis. proleg. § 30.
[3]) ibid. I, § 10.
[4]) ibid. proleg. § 11. — ibid. l. I, c. I, 5. § 10.

aber in der allgemeinen Natur. Gleichwohl nimmt er an, dass das erste Gesetz der Natur sei, „dass sich ein Jeder in seinem natürlichen Zustande erhalte, und dann, dass er nur das festhalte, was seiner Natur entspricht, das Entgegengesetzte aber fortstosse."[1]) Dies erwähnt er aber gelegentlich und nur nebenbei, vorzugsweise berücksichtigt er die menschliche Vernunft, die alles das für Recht erkennt, was dem Geselligkeitstrieb entspricht (homini proprium sociale).[2]) Letzterer ist eine nur dem Menschen eigenthümliche Eigenschaft, welche ihn von allen übrigen Geschöpfen unterscheidet.[3]) Die socialis natura ist eine psychische Ursache aller Gemeinwesen, welche sich in aufsteigender Reihe von dem Familienkreise bis zur grossen Staatenverbindung entwickelt haben. Auf dieses Bedürfniss nach Geselligkeit legt Grotius grosses Gewicht, weil sich nur aus ihm das Recht entwickelt.[4]) Schon Aristoteles hatte auf die gesellige Natur des Menschen hingewiesen und in ihr den Grund des Rechtes und des Staates erblickt, und in dieser Beziehung pflichtet ihm Grotius bei; aber dessenungeachtet wird bei Grotius der Trieb nach Geselligkeit nicht so gefasst wie bei Aristoteles. Denn Letzterer versteht unter diesem Ausdrucke nur die Natur, die Macht im Universum, welche die Menschen zur Gemeinschaft bestimmt, Grotius aber die Natur und Beschaffenheit des Menschen. Um ein dauerndes, ruhiges Gemeinleben zu ermöglichen, sondern sich einige Völker ab, von denen ein jedes einen künstlichen Körper, corpus artificiale bildet,[5]) den man Staat nennt. Diesen definirt Grotius, weil die Menschen nicht bloss eines geselligen Lebens bedürfen, sondern auch den Willen haben, das Leben im Staate um des gemeinsamen Nutzens willen zu geniessen, als einen „coetus perfectus liberorum hominum, juris fruendi et communis utilitatis causa sociatus."[6]) Hiebei hat er jedoch mehr einzelne Individuen, als Familien oder ganze Nationen im Sinne

---

[1]) ibid. l. II, c. I, § 1.
[2]) ibid. l. I, c. II, 1, § 1 f.
[3]) ibid. proleg. § 6 f. — § 9, 2.
[4]) ibid. § 8. — ibid. l. I, c. I, 10, § 1. — ibid. l. II, c. XX, 5, § 1.
[5]) ibid. l. II, c. IX, 3, § 1, — 8, § 2.
[6]) ibid. l. I, c. I, 14, § 1.

und so unterscheidet sich seine Staatslehre von der antiken, welche erst von dem Allgemeinen, dem Staate, ausgeht und dann auf die Einzelnen zu sprechen kommt. — Das Erste nun, was den Staat zusammenhält und was sein Wesen ausmacht, ist die oberste Staatsgewalt.[1]) Diese ist zwar im Allgemeinen das Volk selbst, doch die besonderen Inhaber sind eine oder mehrere Personen.[2]) Dadurch setzt Grotius ein gemeinschaftliches Verhältnis zwischen Obrigkeit und Unterthanen fest. Doch wird dieser Gedanke nicht festgehalten; im Gegenteil, er ist „gegen die Meinung derer, welche ohne Ausnahme die höchste Gewalt nur dem Volke zusprechen."[3]) Daraus erhellt, dass er mehr der monarchischen Herrschaft zugethan ist, und zwar begünstigt er eine „gemässigte" Monarchie,[4]) da er dem Fürsten unbedingte Gewalt nicht zuerkennt.[5]) Das Recht und die Befugniss des Herrschers ist, Gesetze zu geben und sie wieder aufzuheben; für seine That ist er Niemandem verantwortlich. Die höchste Gewalt muss „einheitlich in sich ungetheilt sein, es kann aber öfters vorkommen, dass sie getheilt wird, entweder nach ihren sachlichen Rechten oder nach Personen";[6]) auch wird sie durch die sogenannten Ständeversammlungen eingeschränkt, die nicht nur die Klagen des Volkes vor das Ohr des Monarchen bringen, sondern sogar das Recht haben, seine Regierung zu prüfen und auch Gesetze zu erlassen, denen er unterworfen ist.[7]) Grotius fordert sogar zum Widerstand gegen die Obrigkeit auf, wenn sie etwa widerrechtliche oder gar unsittliche Befehle ertheilen sollte.[8]) Ja, er giebt sogar selbst ein Mittel an, wie man sich gegen die oberste Gewalt schützen könne, und von dem ein Jeder dort Gebrauch machen kann, wo kein sicherer Rechtszustand herrscht. Dieses Mittel ist die Selbsthilfe und die Noth-

---

[1]) ibid. l. I, c. III, 6 f.
[2]) ibid. l. I, c. III, 7, § 3.
[3]) ibid. 8, § 1.
[4]) ibid. 17, § 2.
[5]) ibid. 9.
[6]) ibid. l. I, c. III, 17, § 1.
[7]) ibid. 10, § 4.
[8]) ibid. I, c. IV.

wehr.[1]) Wenn jedoch die Inhaber der höchsten Staatsgewalt die Grundlagen des Rechtszustandes unangetastet lassen, dann darf man sich auf keinen Fall ihren Befehlen widersetzen. — Der Geselligkeitstrieb führt endlich über den Staat hinaus zu einer Völkergemeinschaft. Aehnlich wie aus den Einzelindividuen der Staat entsteht, so durch Vertrag der einzelnen Staaten die magna universitas, die Völkergemeinde. Gastfreundschaft, Handel und Gewerbe verbinden Staaten miteinander, so dass bald ein natürliches Band alle umschlingt. Hierauf beruht das Völkerrecht, welches sich auf ausdrücklichem oder stillschweigendem Vertrag gründet, sich aber vom natürlichen Rechte unterscheidet.[2]) — Grotius untersucht nun die Berechtigung des Krieges und behauptet, dass die Gesellschaft, die Vernunft, ja sogar die heilige Schrift den Krieg erlauben. Nur darf er nicht ohne Ursache, d. h. aus reiner Willkür geführt werden, sondern nur aus gerechter Veranlassung und mit gerechten Mitteln. Daher spricht sich auch Grotius gegen Diejenigen aus, welche ohne Rücksicht auf die Sache selbst, bloss um des Soldes willen, Kriegsdienste leisten.[3]) — Gerecht heisst erst dann ein Krieg, wenn er das Unrecht abwehrt und die alte Geselligkeit wiederherstellt. Doch „kann die Autonomie, die von Natur und für immer Jedem zusteht, kein Recht zum Kriege geben",[4]) sondern allein die höchste Gewalt. Auf's entschiedenste aber verdammt Grotius die unmenschlichen Roheiten des Krieges und sucht durch sein Kriegsrecht jener zügellosen Willkür der Eroberungssüchtigen Einhalt zu thun, welche seine Zeit mit Furcht und Grauen erfüllte.[5])

Wir treten nun an die Vergleichung der spinozistischen Rechts- und Staatstheorie mit der des Hugo Grotius heran. — Vor Allem sind es die naturrechtlichen Lehren des Grotius, die Spinoza in sein System aufnahm, wenn auch nicht in vollem

---

[1]) ibid. l. II, c. II, 1, § 4. — ibid. l. II, c. I, 10.
[2]) ibid. proleg. § 17.
[3]) ibid. l. II, c. XXV, 9, § 1.
[4]) ibid. l. II, c. XXII, 11.
[5]) ibid. proleg. §§. 28, 28.

Umfange. Grotius unterscheidet nämlich zwei Arten des Naturrechtes, erstens das einfache, reine Naturrecht, welches dann vorhanden ist, wenn die Menschen mit allen ihren natürlichen Trieben und Leidenschaften in grösster Einfachheit leben[1]) und ferner dasjenige, welches bereits einen geordneten bürgerlichen Zustand voraussetzt, und in welchem auch Sittlichkeit herrscht.[2]) Nur die erste Art des Naturrechtes, das einfache, hatte sich Spinoza angeeignet und gründet es auf das Recht des Stärkeren;[3]) aus eben dem Grunde, weil er nur diese eine Art des Naturrechtes annimmt, ist auch in dem ursprünglichen Naturzustand bei ihm von Sittlichkeit nichts zu finden. In Uebereinstimmung mit der aristotelischen Ansicht leitet Grotius die Theorie des Staatsvertrages aus dem Bedürfnis nach Geselligkeit ab; ihm ist der Staat mit der natürlichen Gemeinschaft gegeben; nach Spinoza dagegen ist die staatliche Vereinigung mit der Natur des Menschen nicht unmittelbar vorhanden, ihm ist der Staat im Naturzustande geradezu unmöglich. Beide stimmen aber überein, wenn sie nicht von dem Allgemeinen, sondern von dem Einzelnen ausgehen, um den Staat nicht zu anticipieren. Von der Staatsgewalt behauptet Grotius, sie müsse immer in Beziehung mit dem Volke stehen, was auch Spinoza betont, nichtsdestoweniger erklärt er die Gewaltherrschaft für ein Ding der Nothwendigkeit. Spinoza zeigt sich aber überall der absolutistischen Herrschaft abhold; demgemäss schränkt er auch die Machtbefugnis des Herrschers soviel als möglich ein. Gleichwohl giebt er, wie Grotius, dem Machthaber das Recht, Gesetze auch willkürlich aufzuheben, stellt ihn also über das Gesetz.[4]) Der grosse Rath, den Spinoza dem Könige an die Seite stellt,[5]) ist mit der Ständeversammlung, von der Grotius spricht, und die sogar die Regierung des Königs zu controlieren hat, zu vergleichen.[6]) Wenn die Befehle der Obrigkeit Unvernünftiges oder

---

[1]) ibid. l. I, c. II, 1, § 1.
[2]) ibid. l. II, c. I, 9, § 1.
[3]) Tract. theol. polit. C. XVI, p. 552. — tract. polit. C. II, § 3 f.
[4]) Tract. polit. C. IV, § 5. — de jure belli a. p. l. II, c. XX, 24. § 1.
[5]) Tract. polit. C. VI, § 15 ff.
[6]) de jure b. a. p. l. I, c. III, 10, § 4.

Widerrechtliches enthalten, so dürfe sich, man, meint Grotius, ihnen widersetzen.[1]) Spinoza dagegen gebietet Gehorsam in jedem Falle.[2]) Nach Grotius ist es „natürlichen Rechtens, die Verträge zu halten, denn nur das ist die nothwendige Weise, die Menschen untereinander zu verpflichten, und eine natürlichere lässt sich nicht auffinden;"[3]) ja er behauptet, dass man eidbrüchigen Feinden gegenüber Treue halten müsse.[4]) Geht ihm also die Heiligkeit der Verträge und Bündnisse über Alles, so bleibt bei Spinoza ein Vertrag nur „solange wirksam, als dessen Grundlage, nämlich die Rücksicht auf die Gefahr oder den Nutzen vorhanden ist. Mit dieser Grundlage wird auch der Vertrag von selbst aufgehoben."[5]) Doch sind Beide der Meinung, dass nur im Staate, nicht im Naturzustand, das Verhängen von Strafen möglich sei, und dass diese Strafen nur von Höheren und Mächtigeren ausgehen können.[6]) Grotius hält es für grösste Unmenschlichkeit, einen Krieg ohne jedwede Ursache zu führen,[7]) nach Spinoza kann ein Staat auch ohne Veranlassung den anderen bekriegen und gegen ihn das Aeusserste in Anwendung bringen, da ja zum Kriegführen nur der Wille genügt.[8]) Die Sclaverei widerspricht nach Grotius dem Naturrecht nicht, ja er vertheidigt sie noch und meint, dass eine Unterwerfung der einen Person unter die andere auch im bürgerlichen Zustand möglich sei;[9]) nach Spinoza hingegen kann im Staate höchstens von Unterthanen, nie aber von Sclaven die Rede sein, weil in einem Gemeinwesen das Wohl des ganzen Volkes höchstes Gesetz ist.[10]) Endlich wäre noch zu erwähnen, dass Beide die-

---

[1]) ibid. l. I, c. IV.
[2]) Tract. theol. polit. c. XVI, p. 557 u. a. a. O.
[3]) de jure b. a. p. l. III, c. XIX, 1, § 2; proleg. § 15.
[4]) ibid. proleg. § 13, 1.
[5]) Tract. theol. polit. C. XVI, p. 559 u. 560. — tract. polit. C. III, § 14.
[6]) de jure b. a. p. l. II, c. XX, 3, § 1. — tract. theol. polit. C. XVI, p. 556.
[7]) de jure b. a. p. l. II, c. I, 1, § 4. — ibid. l. II, c, XXII, 2.
[8]) Tract. polit. C. III, § 13.
[9]) de jure b. a. p. l. II, c. V, § 26. — ibid. c. VI.
[10]) Tract. theol. polit. C. XVI, p. 558.

selbe geringe Meinung von der Frau haben, da sie nach ihrer Meinung von Natur kein gleiches Recht mit dem Manne besitzt.[1])

Wir gehen nun im dritten Abschnitte die Staatsformen durch und zwar in der Reihenfolge, wie sie im tractatus politicus behandelt werden und beginnen demgemäss mit der Monarchie.

## III.

### a) Monarchie.[2])

Wir haben bereits erwähnt, dass die menschliche Natur und die Beschaffenheit des Naturzustandes nothwendig die bürgerliche Gemeinschaft herbeiführen. Diese Gemeinschaft, sagt Spinoza, könne nie ganz aufgelöst werden, sollten auch Aufstände und bürgerliche Zwistigkeiten sie noch so stark unterwühlen; denn die Menschen könnten sich gar nicht entschliessen, die Vortheile des bürgerlichen Zustandes völlig aufzugeben. Höchstens könnten aufrührerische Bewegungen und Aufstände nach ihrer Unterdrückung die Form des Staates ändern. Wäre die menschliche Natur so beschaffen, dass sie nur nach Anleitung der Vernunft leben und nur das Nützliche begehren würde, dann ergäbe sich ein einträchtiges Zusammenleben von selbst. Nun aber lehrt die Erfahrung das gerade Gegentheil und deshalb muss die Verfassung eines Staates so eingerichtet sein, dass Alle nach den Vorschriften der Vernunft leben müssen. Und dies ist dann der Fall, wenn die Wohlfahrt des Staates nicht der Treue Eines überlassen ist. Es ist thöricht, ja widersinnig, die Freiheit des Volkes in die Hand eines Einzelnen zu legen und wäre er auch der Beste, denn hätte er auch den guten Willen, ein tugendhafter Herrscher zu sein, er könnte sich doch

---

[1]) de jure b. a. p. l. II, c. V, 1 und besonders ibid. 8, § 1. — tract. polit. c. XI, § 4.
[2]) Vgl. tract. polit. C. VI und VII.

nicht von allen Leidenschaften befreien, zumal er gerade Verlockungen ausgesetzt ist. Gleichwohl scheint die geschichtliche Erfahrung zu lehren, dass nichtsdestoweniger bei der Herrschaft Eines für die Eintracht der Bürger am meisten gesorgt sei. Doch nur dem Scheine nach herrscht in einem monarchischen Staate Frieden und Einigkeit, in Wirklichkeit aber nichts Anderes als Knechtschaft und Barbarei, denn nicht in der Abwesenheit des Krieges (belli privatio), sondern in der Vereinigung der Gemüther (unio animorum) besteht der Friede.[1]) Auch kann unmöglich Einer alle Obliegenheiten der Regierung besorgen, er muss sich daher nach Freunden oder Räthen umsehen. Auf diese Weise herrscht er nicht mehr allein, sondern vorzugsweise Diejenigen, die er sich zur Erleichterung seiner Regierungsgeschäfte ausersehen, so dass ein solches Regiment, das man früher für ein absolut monarchisches gehalten, in Wahrheit ein aristokratisches ist. Dazu kommt, dass ein König, wenn er krank, altersschwach oder noch minorenn ist, nur dem Namen nach regiert; thatsächlich herrschen die, welche ihm am Nächsten stehen. Ferner hat ein Monarch am meisten seine eigenen Unterthanen zu fürchten, und zwar noch in höherem Masse als seine äusseren Feinde, zumal wenn sie durch Weisheit oder durch kriegerische Thätigkeit hervorragen (tract. polit. C. VI, §§ 1—9).

Nach dem Gesagten möchte man erwarten, dass Spinoza die absolute Monarchie verwerfen und sie keiner näheren Betrachtung würdigen werde. Gleichwohl zeigt er, wie die monarchische Staatsform eingerichtet sein müsse, um Frieden für die Bürger, persönliche Sicherheit für den Monarchen zu gewähren. Es müssen vor Allem, meint Spinoza, befestigte Städte erbaut und mit einer bestimmten Anzahl von Bürgern besetzt werden, die zu gewissen Zeiten des Jahres an Waffenübungen Theil zu nehmen haben. Die Anführer dieses Bürgerheeres werden aus Räthen des Königs gewählt, doch darf ihr Amt die Dauer eines Jahres nicht überschreiten. Der ganze Grund und Boden ist Eigenthum der obersten Staatsgewalt und wird gegen einen

---

[1]) Vgl. tract. polit. C. VI, § 4.

jährlichen Zins an Bürger vermiethet. Dadurch erwächst dem Staate eine Einnahme, die zu Kriegsausrüstungen, aber auch zum häuslichen Bedarf des Königs, verwendet wird. Der Monarch wird aus irgend einem Stamme der Nation gewählt und Adelige sind nur die, welche unmittelbar von dem Könige ihre Abstammung ableiten: die männlichen Verwandten des Königs dürfen nicht heiraten, geschieht dies doch, so gelten ihre Nachkommen für illegitim und sind von jeder Erbschaft auszuschliessen (vgl. ibid. §§ 9—15).

Der König soll sich seine Räthe aus den Bürgern wählen, und zwar aus jedem Stamme drei, vier oder fünf, deren Amtsthätigkeit sich auf drei, vier oder fünf Jahre erstreckt, so dass in jedem Jahre der dritte, vierte oder fünfte neu gewählt würde. Behufs dieser Wahl hat jeder Stamm eine Liste aller seiner Bürger, die das 50. Jahr bereits überschritten haben, dem Könige vorzulegen, aus welcher er dann eine Auswahl trifft. Ist aber der Monarch verhindert, die Wahl vorzunehmen, so wählen die Mitglieder des Rathes selbst, nur bedarf es dann noch der königlichen Bestätigung. Die erwählten Räthe haben über alle öffentlichen Angelegenheiten zu berathen und zu beschliessen und die gefassten Beschlüsse behufs Gutheissung dem Könige vorzulegen. Aufgabe des Staatsrathes ist es ferner, für die Verwaltung des Reiches zu sorgen, den Zugang der Bürger zum Monarchen und die Zulassung fremder Gesandten zu vermitteln. Die von auswärts an den König eingehenden Schreiben müssen ihm durch diesen Rath übergeben werden; so wird manchen freiheitsfeindlichen Bestrebungen die Spitze abgebrochen. Auch für die Erziehung der Prinzen hat der Rath zu sorgen, sowie für die Vormundschaft, wenn des Königs Nachfolger noch minderjährig sind. Damit jedoch inzwischen der Staat nicht ohne König sei, so muss aus dem Adel ein Staatsältester erwählt werden, der den König solange vertritt, bis der rechtmässige Nachfolger das erforderliche Alter erreicht hat. Viermal des Jahres muss der Rath einberufen werden, damit er von den Ministern des Staates Rechenschaft über die Staatsverwaltung fordern könne, um vom Stande der Dinge Kenntniss zu nehmen. Da die Staatsgeschäfte nicht ruhen können, die Bürger aber nicht im Stande sind, immer dem Dienste zu obliegen, so müssen aus der Mitte des Rathes 50 gewählt werden, welche alles das zu besorgen haben, was zu den Obliegenheiten der Versammlung gehört. Nachdem noch Spinoza Näheres über den Modus der Abstimmung über gestellte Anträge festgesetzt, geht er zur Verwaltung der Justiz über. (ibid §§ 15—26).

Das Richtercollegium muss aus einer grösseren ungeraden Zahl von Richtern bestehen, nämlich 61 oder 51, die nicht auf Lebenszeit, sondern alljährlich gewählt werden und die das 40. Lebensjahr bereits überschritten haben müssen. Bei einem Richterspruch sollen alle anwesend sein, und falls einer durch Krankheit längere Zeit verhindert sein sollte, so ist für diese Zeit ein Stellvertreter zu wählen. Bei der Abstimmung selbst hat man sich nur der schwarzen oder weissen Steinchen zu bedienen. Das Vermögen der zum Tode Verurtheilten fällt als Einkommen dem Richtercollegium zu (ibid. §§ 26—31).

Spinoza kommt nun auf das Militär im monarchischen Staate zu sprechen. In Friedenszeiten erhält die Miliz keinen Sold und im Kriege nur jene, die von ihrem täglichen Erwerb sich nähren, während die Anführer des Heeres die Vortheile der Kriegsbeute zu erwarten haben. Der Krieg darf nur um des Friedens willen geführt werden; ist er beendet und der Feind bezwungen, so müssen die eroberten Städte wieder dem Feinde gegen ein Lösegeld zurückgegeben werden, falls man aber einen neuen Angriff zu befürchten hat, so sind die Städte zu zerstören und die Einwohner in andere Gegenden zu führen (ibid. §§ 31—35).

Hat ein Fremder die Tochter eines Bürgers geheiratet, so sind dessen Kinder als Bürger zu betrachten und in die Stammliste der Mutter einzutragen. Die Kinder fremder Eltern können sich das Bürgerrecht für eine bestimmte Summe von den einzelnen Stammaufsehern erkaufen. Der König darf sich nicht mit der Tochter eines Fremden vermälen, sondern muss sich seine Gemalin aus seinen Blutsverwandten erwählen. Was die Staatsgewalt betrifft, so hält Spinoza an ihrer Untheilbarkeit fest. Stirbt der Monarch und hinterlässt mehrere Kinder, so soll ihm der Älteste in der Herrschaft folgen, die Uebrigen sind von der Regierung ausgeschlossen. Das Reich darf jedoch nie getheilt werden und auch nie auf eine weibliche Linie übergehen, falls der Herrscher keine männlichen Nachkommen besitzt; in diesem Falle hat der nächste männliche Verwandte Anspruch auf die Herrschaft.

Die Erbauung von Kirchen, meint Spinoza, dürfe nicht von Staatskosten geschehen; auch dürfe der Staat keine Gesetze über religiöse Meinungen erlassen, solange sie die Ruhe nicht stören und keinen Aufruhr stiften. Die von dem Staate anerkannten Religionen haben auf ihre eigenen Kosten Kirchen zu erbauen, während der König zur Ausübung der Religion, der er zugethan ist, eine besondere Kirche sein eigen nennen kann (ibid. § 32 — finis).

Nachdem nun Spinoza die Grundlagen der monarchischen Staatsform dargelegt, geht er im nächstfolgenden Capitel (VII) daran, sie der Reihe nach zu rechtfertigen. Man wird hier finden, dass Spinoza vorzüglich auf die Abwehr des Despotismus bedacht ist, was am deutlichsten aus seinen Vorschlägen, welche den constitutionellen Organismus der Monarchie betreffen, hervorgeht. Wenn Alles von dem Willen Eines abhinge, gäbe es nichts „Festes". Die monarchische Regierung kann nur dann fest stehen, wenn dem Könige eine derartige Stellung eingeräumt wird, dass er nur das Rechtmässige vollziehen kann, indem man ihm für alle Zukunft die Möglichkeit benimmt, nach seinem Gutdünken zu handeln. Darf er aber die Gesetze nach seinem Sinne auslegen, dann ist die Herrschaft eine schwankende zu nennen. Nichts aber ist kläglicher, als wenn ein Staat zu schwanken beginnt, und mag er auch sonst der beste sein. Ja, Spinoza, der jeden absoluten Staat aufs äusserste bekämpft, scheut sich nicht, die monarchische Regierung für die wahre und beste zu halten, wenn nur ihre Grundlagen fest und unerschütterlich sind. Der Inhaber der Staatsgewalt muss den Zustand und die Lage des Landes genau kennen und am eifrigsten für die öffentliche Wohlfahrt sorgen. Doch kann ein Einzelner die Staatsgeschäfte nie allein besorgen, denn abgesehen davon, dass er durch Alter oder Krankheit bisweilen von der Amtsausübung verhindert ist, ist es ihm unmöglich, Alles völlig zu übersehen, wodurch er sich genöthigt sieht, sich durch Räthe vertreten zu lassen. Da jedoch die Menschen von Natur aus selbstsüchtig sind und nur ihren eigenen Vortheil verfolgen, so kann es oft vorkommen, dass die stellvertretenden Räthe mehr ihren eigenen Nutzen, als den des Staates im Auge haben. Deshalb müssen nur solche Räthe gewählt werden, deren Nutzen von dem Wohle Aller abhängt. Um dies zu ermöglichen, ist es erforderlich, dass aus jeder Classe einige Räthe gewählt werden; man kann dann sicher sein, dass Jeder seine Geschäfte klug und gewandt betreiben wird. Infolge dieser volksthümlichen Zusammensetzung des Staatsrathes wird immer grosse Neigung und Liebe zum Frieden, nie aber zum Kriegführen, vorherrschen. Auch eine Bestechung dieser Versammlung ist weder von dem Könige, noch von einer anderen Person möglich, da bei einer so grossen Anzahl von Mitgliedern nichts erlangt werden kann. Allein zu solchen Mitteln wird der König nicht greifen, er wird sich vielmehr die grösste Mühe geben, dem Volke ein tugendhafter und gerechter Herrscher zu sein. Die Räthe des Königs werden, um nicht Neid, Unzufriedenheit oder gar Aufruhr hervorzurufen, nicht lebenslänglich, sondern nur auf vier oder fünf Jahre gewählt. Aber nicht nur Frieden für das Volk erwächst aus dieser kurzen Amtsdauer, sondern auch persönliche Sicherheit für den König, da die Räthe während dieser kurzen Zeit nicht zu mächtig werden können (C. VII, §§ 1—15).

Spinoza schildert nun im Folgenden die Einrichtung des Bürgermilitärs. Nur auf ein Jahr soll der Anführer des Bürgerheeres gewählt werden, da sonst leicht die staatliche Existenz bedroht wäre. Dieses Heer, das nur aus einheimischen Bürgern, nicht aus fremden Miethsoldaten bestehen darf, soll keinen Lohn erhalten, weil ein Jeder, wie im Naturzustande, nur für seine persönliche Freiheit kämpft und keinen anderen Sold für seine Kriegsdienste erwartet. Dagegen ist den Räthen eine Amtsbesoldung zu bestimmen, da sie, im Gegensatze zu den Bürgern, nicht für sich, sondern für das Gemeinwohl thätig sind. Bestimmt der König jedoch einen Theil der Bürger ausschliesslich zum Waffendienste, so kann er sie, da er allein ihren Lohn festsetzt, leicht für sich gewinnen und gegen das Volk gebrauchen. In Friedenszeiten werden solche Bürger wegen zu vieler Musse verderbt und sinnen auf innere und äussere Kämpfe. Daher ist der Zustand in einer Monarchie, bei dem nur der Soldatenstand Freiheit geniesst, in Wahrheit nichts anderes als ein Kriegszustand (ibid. §§ 15—23).

Die Verwandten des Königs müssen vom Hofe entfernt werden und sich nur mit den Werken des Friedens beschäftigen, weil der Monarch meist von seiten seiner Familie viel Unheil zu fürchten hat. Auch ist es nicht rathsam, dass der König sich eine Fremde zur Frau nimmt, denn derartige Verbindungen haben auf die Politik der Staaten immer einen schädlichen Einfluss gehabt. Die Staatsgewalt darf nie getheilt werden und nur in der Hand eines Mannes sich befinden. Der Wille des Herrschers ist nur solange giltig, solange er die Zügel der Regierung in Händen hat, weil sein Recht durch seine Macht bestimmt wird; mit seinem Tode erlischt auch der bürgerliche Zustand, wodurch das Volk die höchste Gewalt wieder zurückerhält; nur so lässt es sich erklären, dass einzig und allein das Volk berechtigt ist, einen Nachfolger zu bestimmen (ibid. §§ 23—27).

Mit grosser Entschiedenheit wendet sich Spinoza, am Ende des Abschnittes von der Monarchie, gegen den Absolutismus, der den König mit unumschränkter Macht ausstattet. Namentlich erklärt er sich gegen die Meinung, dass der Pöbel nicht anders gebändigt werden könne, als wenn er zittere, und dass er keines politischen Urtheiles fähig sei. Die Menschen, sagt Spinoza, haben eine und dieselbe Natur, nur lässt man sich durch die Cultur täuschen, so dass man, wenn zwei dasselbe Verbrechen verüben, oft sagt, der Eine dürfe es ungestraft thun, der Andere nicht, und dies nur deshalb, weil die Thäter, nicht aber die That, verschieden sind. Die herrschende Classe begeht unter dem Deckmantel einer gewissen „gelehrten Unwissenheit" und einer „Zierlichkeit des Schlechten" Laster, welche von den Unwissenden für anständig, ja für edel angesehen werden. Zeigt der Pöbel dennoch bisweilen eine politische „Unreife", so ist der Grund hievon in den vernunftwidrigen, volksfeindlichen Einrichtungen zu suchen. Zurückhaltung des Urtheiles ist eine seltene Tugend, die Menge ist aber ihrer nicht fähig; könnte sich das Volk mässigen, so verdiente es eher selbst zu herrschen, als beherrscht zu werden. Es wäre also thöricht, von dem Volke zu verlangen, dass es über noch wenig bekannte Dinge ein richtiges Urtheil fällen solle (ibid. §§ 27—29).

Spinoza giebt gerne zu, dass bei einer zahlreichen Rathsversammlung die öffentlichen Staatsangelegenheiten nicht geheim gehalten werden können. Doch ist es in vielen Fällen besser, dass manche Berathungen den Feinden offenbar werden, als dass die schlechten Geheimnisse der Tyrannen den Bürgern verborgen bleiben. Zum Schlusse bemerkt er noch, dass unter den Bedingungen, wie sie hier aufgestellt wurden, eine Verfassung nie bestanden habe, doch könnte man aus der Erfahrung darthun, dass diese Form die beste sei, nur müsste man die cultivierten Staaten nach den Ursachen ihrer Erhaltung und ihres Unterganges untersuchen. Mit einer Berufung auf die Geschichte Aragoniens schliesst die umfangreiche Darstellung der monarchischen Staatsform (ibid. §§ 29—finis).

### b) Aristokratie. [1])

Spinoza nennt (sich an den etymologischen Sinn des Wortes haltend) diejenige Regierung eine aristokratische, in der die höchste Gewalt nicht, wie in der Monarchie, in den Händen eines Einzigen, sondern in den einer erwählten Körperschaft (der Besten) ruht. Den Unterschied zwischen dieser Verfassung und der demokratischen findet er darin, dass in der letzteren die Mitglieder der höchsten Obrigkeit nicht durch die Macht, sondern durch „angeborene oder durch Glück erlangte Rechte" bestimmt werden (vgl. tract. polit. C. XI, § 1). Die Anzahl der Aristokraten, die Spinoza Patricier nennt, muss sich nach der Grösse des Staates richten, damit jede Usurpation ausgeschlossen bleibe. Wenn z. B. 100 Optimaten nöthig wären, so müssten etwa 5000 Patricier vorausgesetzt werden, denn nur unter einer so grossen Anzahl werden sich 100 Tugendhafte vorfinden, vorausgesetzt, dass unter 50 wenigstens einer sich befinden wird, der den Besten gleichkommt (tract. polit. C. VIII, §§ 1—3).

---

[1]) Vgl. tract. polit. C. VIII, IX unb X.

Spinoza stellt nun einen Vergleich an zwischen der monarchischen und aristokratischen Verfassung, welcher entschieden zu Gunsten der letzteren ausfällt. Denn erstens reichen die Kräfte eines Menschen zur Verwaltung des ganzen Staates nicht aus, was man von einer hiezu bestimmten Versammlung nicht behaupten kann; zweitens ist der Monarch sterblich, die Aristokratie aber ewig. Die Regierung des Königs ist ferner wegen Verschiedenheit des Lebensalters, wegen Krankheit oder anderer Ursachen precär, während die Macht der Aristokratie sich immer gleichbleibt. Der Wille eines Einzelnen ist schliesslich unbeständig und veränderlich, weshalb ihm Schranken gesetzt werden müssen, damit er nicht in Willkür ausarte, bei der Aristokratie dagegen spielen subjective Leidenschaften nicht mit, vielmehr ist jede Willenserklärung einer Versammlung von rechtswegen Gesetz. Da bei einer aristokratischen Regierungsform die Staatsgewalt nie zum Volke zurückkehrt, so findet auch bei derselben keine Berathung der öffentlichen Angelegenheiten statt, sie muss sich vielmehr auf den Willen und die Beschlüsse des obersten Senates stützen. Der Zustand dieser Verfassung wird dann am besten sein, wenn von der Menge am wenigsten zu fürchten ist und man ihr keine andere Freiheit lässt, als die ihr nach der Staatsverfassung gewährt wird. Es ist demnach, wenn man die Grundlagen des aristokratischen Regiments zu bestimmen sucht, hauptsächlich darauf zu sehen, dass sich dieselben auf den Willen und das Urtheil der höchsten Versammlung stützen; auch muss man vor Allem die Fundamente des Friedens beachten, die der monarchischen Regierung eigen, der aristokratischen aber fremd sind, dadurch werden alle Anlässe zu Aufständen wegfallen und die Aristokratie zu mindest ebenso sicher wie die Monarchie sein (ibid. §§ 3-8).

Spinoza lässt im Weiteren die Bedingungen für die beste aristokratische Verfassung folgen. Vor Allem muss die Landeshauptstadt und ausserdem die wichtigsten Grenzstädte befestigt werden. Die Wehrkraft kann aus Einheimischen oder aus Fremden bestehen, doch sind einheimische Bürger den letzteren vorzuziehen, denn erstens bleibt der Sold, der an die Unterthanen ausgezahlt wird, im Lande, und dann wird die Kraft des Staates nicht geschwächt. Thöricht ist es anzunehmen, dass die Officiersstellen nur den Patriciern zufallen, wodurch den Bürgern jede Hoffnung auf Ehre und Auszeichnung benommen würde. Der Feldherr einer Heeresabtheilung wird (wie in der Monarchie) nur auf 1 Jahr gewählt; diese Bestimmung ist hier unerlässlich, da es oft vorkommen kann, dass ein Feldherr die Patricier unterjocht und zum grössten Schaden des Staates sich dienstbar macht. Da die Unterthanen in der aristokratischen Regierungsform in öffentlichen Angelegenheiten kein Stimmrecht besitzen, so gelten sie als Fremde; nur aus diesem Grunde können Ländereien, Häuser, Aecker nicht Eigenthum des Staates sein und den Bürgern gegen einen jährlichen Zins verpachtet werden. Denn Bürger, die keinen Antheil an der Staatsgewalt haben, könnten in schlimmen Zeiten auswandern und ihre Besitzthümer mit sich nehmen. Um dem vorzubeugen, werden die Ländereien nicht verpachtet, sondern an Bürger verkauft, die aus den jährlichen Einkünften einen Bruchtheil dem Staate entrichten müssen (ibid. §§ 8—11).

Die Anzahl der Mitglieder der höchsten Versammlung bestimmt Spinoza auf etwa 5000, unter denen die „möglichste" Gleichheit herrschen soll; in den Versammlungen muss das gemeine Beste möglichst schnell verhandelt werden. Das Verhältnis der Patricieranzahl zur übrigen Volksmenge muss von vornherein genau bestimmt werden; Spinoza setzt es auf 1:50. Für den Staat nachtheilig wäre es, die Patricier nur aus bestimmten Familien zu wählen, da sonst die Patricierwürde erblich sein würde, was dieser Staatsverfassung durchaus widerstreitet. Die aus den Patriciern bestehende Rathsversammlung hat die Befugniss, Gesetze zu geben, sie wieder aufzuheben und die Beamten des Staates zu ernennen. Gewöhnlich leitet ein Vorsitzender diese Versammlung, der entweder auf Lebenszeit (wie in Venedig), oder auf eine bestimmte Zeit (wie in Genua), sein Amt ausübt. Doch findet dies Alles mit so grosser Vorsicht und mit so vielen Einschränkungen statt, dass deutlich genug erhellt, dass die Uebertragung der höchsten Gewalt auf einen Einzelnen der Aristokratie höchst gefährlich werden könne. Deshalb ist es zweckmässig, wenn man diese Oberleitung einem Ausschusse unterstellt, der aus einigen Patriciern, die Spinoza Syndici nennt, gebildet wird (ibid. §§ 11—21).

Die Mitglieder des Syndicates müssen auf Lebenszeit gewählt werden, das 60. Lebensjahr überschritten haben und bereits Senatoren gewesen sein. Ihre Zahl soll sich zu der der Patricier ebenfalls wie 1:50 verhalten. Eine Amtsbesoldung erhalten sie nicht, sondern nur solche „Gebühren, dass sie ohne ihren eigenen grösseren Schaden den Staat nicht schlecht verwalten können." Den Syndiken steht das Recht zu, den höchsten Rath zu berufen und die Tagesordnung der zu berathenden Gegenstände festzustellen. Sie selbst wählen unter sich einen Vorsitzenden, dessen Amtsdauer nur 6 Monate währt, und der mit 10 oder mehr Syndiken täglich eine Sitzung hält, um die Beschwerden des Volkes gegen Beamte entgegenzunehmen (ibid. §§ 21—29).

Dem Patricierrathe ist noch eine zweite Behörde untergeordnet, die Spinoza „Senat" nennt. Diese Versammlung hat alle öffentlichen Geschäfte zu besorgen, so z. B. Steuern auszuschreiben und sie zu verwenden, den auswärtigen Gesandten Antwort zu ertheilen und zu bestimmen, wohin die einheimischen geschickt werden sollen, kurz sie ist die ausführende Gewalt im Staate. In den Senat können nur Patricier gewählt werden, und zwar nur auf 1 Jahr. Die Senatoren, 400 an der Zahl, sind in 4 bis 6 Abtheilungen einzutheilen, deren eine jede 2 oder 3 Monate hindurch den ersten Platz im Senate einnimmt und Berathungen hält. Den letzteren müssen auch einige Syndiken beiwohnen, besitzen aber kein Stimmrecht. Den Senatoren und den Syndiken soll keine eigentliche Besoldung wohl aber ein grösserer Vortheil von ihren Aemtern angewiesen werden. „damit sie nicht ohne ihren grösseren Schaden den Dienst des Staates schlecht verwalten können"; auch ist es ihnen nicht gestattet, irgendein militärisches Amt zu verwalten (ibid. §§ 29—35).

Aus dem Senate und dem Syndikat lässt Spinoza noch eine weitere Behörde entstehen, das Consulat. Die Zahl der Consuln kann nicht genau bestimmt werden, doch muss sie so gross sein, dass sie einer Bestechung Widerstand leisten kann;

dies wird dann der Fall sein, wenn 30 auf 2 oder 3 Monate gewählt werden. Sie haben vor Allem den Senat zu berufen, die zu berathenden Gegenstände zu bestimmen und sie sodann der Reihe nach vorzulegen. Sind sie bei der Berathung selbst verschiedener Ansicht, so wird die Sache vor dem versammelten Senate durch Abstimmung entschieden (ibid. §§ 35—38).

Die Zahl der Richter, welche von der höchsten Versammlung aus den Patriciern gewählt werden, muss so gross sein, dass sie von Privatpersonen nicht bestochen werden kann. Ihre Amtsdauer ist eine gleichlange wie in der monarchischen Staatsform. Für jedes in bürgerlichen Rechtssachen erlassene Urtheil erhalten sie einen Bruchtheil der strittigen Summe. Torturen zur Erlangung von Geständnissen sind in keinem Falle zuzulassen (ibid. §§ 38—42).

Spinoza spricht nun in Folgendem über die Wahl der Proconsuln, obwohl er ihre Amtsthätigkeit vorher nicht erörtert hat; er mochte wohl hiebei an den Geschäftskreis der römischen Proconsuln denken, denen die Verwaltung der Reichsprovinzen oblag. Die Proconsuln, die nur aus dem Senatorenstand gewählt werden dürfen, sind verpflichtet, in den Senat zu kommen, falls sie aber nach entfernten Ländern gesendet werden, demnach den Senat nicht besuchen können, so sind eigene Senatoren zu wählen, die nur nach den Städten des Landes berufen werden. Die niederen Beamten der Versammlungen sowie die Schriftführer gehen aus der Wahl der zweiten Volksclasse, aus den Plebejern hervor. Die Verwalter der Staatseinkünfte sind aus dem Volke zu wählen und haben ihre Rechnungen dem Senate und den Syndiken vorzulegen (ibid §§ 42—46).

Was die Religionsangelegenheiten betrifft, so müssen alle Patricier ein und derselben Religion angehören, denn man muss darauf sehen, dass sich keine Religionssecten unter den Patriciern bilden, dass sie nicht, vom Aberglauben befangen, den Bürgern das Recht der freien Gedankenäusserung entziehen (ibid. §§ 46 — finis).

Bisher erörterte Spinoza die Grundlagen derjenigen aristokratischen Verfassung, in der nur eine Stadt, die Hauptstadt des ganzen Landes, die Herrschaft hatte; im nächsten (IX.) Capitel geht er zu der zweiten Form der Aristokratie über, in der mehrere Städte das Regiment inne haben, und die er der ersteren vorzieht. Es muss vor Allem auch hier für die Sicherheit gesorgt werden und dies geschieht dadurch, dass die einzelnen Städte, welche befestigt werden müssen, in solchem Verhältniss zu einander stehen, dass keine für sich bestehen kann. Das Verhältniss der Patricieranzahl zu der Zahl des Volkes ist ganz dasselbe wie in der ersten Form. Die höchste Versammlung soll abwechselnd in den verschiedenen Städten ihre Berathungen abhalten. Das Band, das alle Städte zu einem Reiche verknüpft, ist hauptsächlich der Senat und die öffentliche Justiz. Das höchste Recht in jeder einzelnen Stadt haben die Patricier, die alle eine Versammlung bilden, deren Aufgabe es ist, die Stadt zu befestigen, Steuern aufzulegen, Gesetze zu erlassen und aufzuheben, überhaupt Alles zu thun, was für das Wohl der Stadt erforderlich erscheint (ibid. C. IX, §§ 1—6).

Spinoza behandelt nun in eingehender Weise das Verhältniss der höchsten Versammlung zu den einzelnen Städteausschüssen. In dieser Erörterung ist besonders hervorzuheben, dass die höheren Militärstellen in die Hände der Patricier gelegt werden sollen, und dass eine jede Stadt, je nach ihrer Grösse, Soldaten zu stellen hat. Der Senat darf nicht unmittelbar den Unterthanen Zölle auflegen, vielmehr müssen zur Deckung der Staatsunkosten die Städte von dem Senate geschätzt werden, so dass jede Stadt einen bestimmten Theil des nöthigen Aufwandes auf sich nimmt. Der Rath der Syndiken muss auf dieselbe Weise der höchsten Versammlung untergeordnet sein, wie es in der ersten Form der Aristokratie der Fall war. Die Proconsuln müssen den Patriciern der einzelnen Städte entnommen werden, während die Richter jeder Stadt von ihrer höchsten Versammlung zu wählen sind (ibid. §§ 6—13).

Die abhängigen Städte stehen unter der Herrschaft einer selbstständigen Stadt und sind zum Steuerverbande einzurechnen. Dagegen sind die eroberten und die anderweitig hinzugekommenen Städte als Bundesgenossen anzusehen; falls sie sich widersetzen, müssen dahin Kolonien geschickt, die früheren Einwohner anderswohin geführt oder gar vertilgt werden. Spinoza schliesst die Erörterung mit einem Vergleiche der ersten und zweiten Form der aristokratischen Verfassung, der zu Gunsten der letzteren ausfällt und untersucht im folgenden Capitel (X) die Ursachen, die eine Umwälzung oder eine gänzliche Auflösung der Aristokratie herbeiführen können (ibid. §§ 14 — finis).

Den eigentlichen Grund, weshalb die aristokratischen Staatsformen sich nicht erhalten haben, hat schon Machiavelli in seinen „Discorsi" namhaft gemacht; es müssen vor Allem die Mängel, die in der Verfassung tief eingewurzelt sind, zu der rechten Zeit beseitigt werden. Die Abänderung der Gebrechen in einer Verfassung kann entweder zufällig oder aber durch die Thatkraft eines ausgezeichneten Mannes bewirkt werden. Und so erweist sich als nächstes Mittel gegen diese Uebel, alle fünf Jahre einen Diktator auf ein oder zwei Monate zu ernennen, weil nur dieser im Stande ist, die Staatsverfassung auf den anfänglichen Zustand zurückzuführen, und die Missbräuche, die sich in der Verwaltung des Staates eingeschlichen haben, abzuschaffen. Doch ist dies bisweilen mit grossem Nachtheil verbunden, weil eine solche Einrichtung leicht die Umwandlung einer aristokratischen Herrschaft in eine monarchische nach sich ziehen könnte (ibid. C. X, §§ 1 u. 2).

Zweckmässiger ist die Einführung des Syndicats; aber auch dieses vermag nicht, das Einschleichen von Uebeln hintanzuhalten. Man versuchte es des öfteren mit Luxusverboten, doch ohne Erfolg. Es sind daher solche Uebelstände, deren Verbot fast immer übertreten wird, wie z. B. Gastmahle, Spiele, nur mittelbar zu bekämpfen, indem die Grundlagen der Verfassung so gelegt werden, dass die Menge von Trieben geleitet wird, die nur dem Staate zum Nutzen gereichen (ibid. §§ 3—8).

Treffend bemerkt Spinoza, dass eine Verfassung, welche nur darauf sieht, den Staat durch Schreckmittel zu leiten, weniger Mängel besitzt, als wenn sie auf die Tugend der Bürger rechnet. Nichtsdestoweniger ist es besser, die Staatsangehörigen so zu regieren, dass sie glauben, nach ihrem freien Entschluss zu leben; sie werden sich dann, durch die Liebe zur Freiheit und durch die Hoffnung auf Erlangung von Ehrenstellen geleitet, innerhalb der gesetzlichen Schranken halten (ibid. § 8).

Auf die bisherigen Erörterungen sich stützend, geht Spinoza zu der Frage über, ob die von ihm beschriebenen Verfassungen in selbstverschuldeter Weise zugrunde gehen können. Wenn überhaupt ein Regiment von ewiger Dauer sein kann — so sagt Spinoza — so wird es dasjenige sein, in dem die Gesetze und Rechte unverletzt bleiben. In den beiden Formen der aristokratischen Regierungsform hält er die Grundlage so sehr für übereinstimmend mit der Vernunft und mit den menschlichen Leidenschaften, dass er zuletzt das bedeutsame Lob über sie ausspricht: „dass, wenn irgend eine Verfassung, sicherlich nur die aristokratische ewig dauern werde und dass nur ein äusserliches Unglück sie zerstören könne" (ibid. § 9). Mag aber der Staat noch so gut eingerichtet, seine Verfassung noch so trefflich geordnet sein, es kann doch der Fall eintreten, dass alle Menschen bei einer grossen Noth des Staates, von plötzlichem Schrecken erfasst, nur den gegenwärtigen Augenblick bedenken und auf die Gesetze keine Rücksicht nehmen; sie werden sich dann einem Manne anvertrauen, von dem sie erwarten, dass er sie aus der Noth befreien werde. Spinoza meint jedoch, dass ein solch' grosser Schrecken bei einem geordneten Staatswesen nur aus gerechten Ursachen entstehen könne. Wenn auch der Schrecken einige Verwirrung zur Folge haben könnte, würde es doch Niemand wagen, die Schranken der Gesetze zu überschreiten oder einem Einzigen die Herrschaft zu ertheilen. Mit der nochmaligen Versicherung, dass nur die aristokratische Verfassung einer Stadt, aber noch mehr die mehrerer Städte, ewig währen, und dass sie durch keine Selbstverschuldung, sondern nur durch ein äusseres unglückliches Geschick zugrunde gehen könne, schliesst Spinoza den Abschnitt von der Aristokratie (ibid. §§ 9 und 10).

### c) Demokratie.[1]

Nach der Schilderung der beiden Formen des aristokratischen Regiments bespricht Spinoza im XI. Capitel die dritte

---

[1] Tract. polit. C. XI, §§ 1—4. — tract. theol. polit. C. XVI und XX.

Staatsform, die Demokratie. Während in der Aristokratie die Wahl zu jeder Amtsstelle beruft, hat in der Demokratie ein Jeder mit Recht auf das Stimmrecht im höchsten Rathe und auf alle Staatsämter Anspruch. Aber trotzdem wird das allgemeine Recht in der demokratischen Staatsform dadurch eingeschränkt, dass nur Diejenigen das Stimmrecht erlangen und die Staatsgeschäfte besorgen können, die ein gewisses Alter erreicht, oder eine gewisse Steuer entrichtet haben. Wegen dieser Einrichtung könnte man dazu verführt werden, eine solche Verfassung eher für eine aristokratische zu halten, doch ist dies nicht zutreffend, sie ist immerhin eine demokratische, weil die zur Staatsleistung berufenen Bürger von dem Gesetze dazu bestimmt, nicht aber von der höchsten Versammlung (wie die Optimaten in der Aristokratie) dazu gewählt werden. Man könnte wohl noch einwenden, dass ein Regiment, in dem nur die zufällig Reichgewordenen die Leitung des Staates inne haben und nicht die Besten, schlechter bestellt sei als das aristokratische; doch wird die Sache so ziemlich auf eins hinauskommen, wenn man auf den gewöhnlichen Zustand der Menschen sicht. Ja, wenn die Patricier sich bei ihren Wahlen jeder unlauteren und unedlen Absicht enthielten, dann gäbe es keine bessere Verfassung als die aristokratische. So aber lehrt die Erfahrung das gerade Gegentheil, weshalb ein Staat, in dem die subjective Willkür vorherrscht, in einer viel traurigeren Lage sich befindet. Das Stimmrecht besitzen alle Diejenigen, die im Lande geboren sind, von Bürgern abstammen und unabhängig und makellos leben. Damit will Spinoza die Fremden, Weiber und Kinder, Sclaven und Verbrecher ausgeschlossen wissen. Die Ausschliessung der Frauen von der Regierung begründet Spinoza mit ihrer geistigen und körperlichen Schwäche, die so evident ist, dass Männer und Frauen nie zusammen regieren können. Wären die Frauen den Männern an Körper und an Geist vollkommen gleich, so würden sich wohl unter den verschiedenen Völkern einzelne finden, wo beide Geschlechter auf gleiche Weise herrschten. Da sie aber von Natur schwächer sind als die Männer, so folgt daraus, dass sie mit der geringeren Macht auch nur geringeres Recht beanspruchen dürfen (ibid. §§ 1—4).

So weit Spinoza's Schilderung der Demokratie im politischen Tractate; er wollte noch die beste Einrichtung in dieser Verfassung, die Gesetzgebung und andere politische Gegenstände erörtern,[1] was ihm aber wegen Krankheit und seines bald darauf erfolgten Todes nicht mehr vergönnt war. Mehr erfahren wir im theol.-polit. Tractat von dieser Verfassung. Spinoza definiert sie dort „als eine allgemeine Verbindung von Menschen, welche als Gesammtheit das höchste Recht zu Allem hat, was sie kann."[2] Der demokratische Staat ist der freieste, weil sich seine Gesetze auf die gesunde Vernunft gründen und demnach ein Jeder überall frei sein, d. h. nach Anleitung der Vernunft leben kann. Hier kann Keiner Sclave, sondern nur Unterthan genannt werden, weil das Wohl des ganzen Volkes als höchstes Gesetz gilt.[3] In diesem Staate kommt es nur selten vor, dass die höchsten Gewalten widersinnige Dinge befehlen, denn es liegt ihnen am Herzen, durch eine vernunftgemässe Regierung die Staatsgewalt zu behaupten. Auch sind solche widersinnige Befehle nicht zu befürchten, denn erstens wird die Mehrheit in der Versammlung dem Widersinnigen nie zustimmen, und dann ist es der Zweck des demokratischen Staates, die Menschen so weit als möglich innerhalb der Schranken der Vernunft zu halten, die thörichten Begierden zu hemmen, damit Alle in friedlicher Eintracht leben.[4] Spinoza nennt ferner die demokratische Staatsform die natürlichste und zwar aus dem Grunde, weil hier Keiner sein natürliches Recht auf einen Anderen völlig übertragen kann;[5] diese Uebertragung geschieht vielmehr auf die Mehrheit der ganzen Gesellschaft, von welcher der Mensch selbst einen Theil bildet.[6] Auf diese Weise befinden sich Alle wie zuvor im natürlichen Zustande. Dadurch aber, dass ein Jeder alle seine Macht auf die Gesellschaft überträgt, hat er sich verpflichtet, sich unbedingt den Befehlen der höchsten Gewalt zu fügen. Man

---

[1] Vgl. tract. polit. C. VIII. § 49 fin.
[2] Tract. theol. polit. C. XVI. p. 556.
[3] ibid. p. 558. — ibid. C. XIX. p. 594.
[4] ibid. C. XVI, p. 557.
[5] ibid. p. 564.
[6] ibid. p. 558.

könnte leicht in Versuchung kommen, diesen Zustand als den der Knechtschaft anzusehen; dies trifft aber nicht zu, denn der Gehorsam hebt zwar die Freiheit auf eine gewisse Weise auf, macht aber noch nicht zum Sclaven; auch ist Niemand von Natur aus gezwungen, nach dem Willen oder nach der Denkart eines Anderen zu leben, vielmehr ist Jeder frei, selbständiger Herr und Richter seiner Meinungen und Gesinnungen.[1] Gerade diese Meinungsfreiheit ist es, die Spinoza als einen Vorzug der Demokratie besonders hervorhebt.[2] So ist die Demokratie die beste Staatsform, einmal weil sie der Natur der Menschen am meisten entspricht, und dann, weil in ihr die volle Freiheit des Urtheiles gewährt wird.[3]

## IV.

Die Frage nach der besten Staatsform hat Spinoza selbst nicht aufgeworfen. In seinen politischen Schriften wollte er lediglich zeigen, wie die einzelnen Verfassungen eingerichtet sein müssten, damit die Freiheit der Bürger in keiner Weise nothleide. Die bis ins kleinste Detail ausgeführten Darstellungen der verschiedenen Regierungsformen bezwecken die Angaben der Mittel für die Sicherheit des menschlichen Lebens, sie enthalten die Weise, durch die das Volk geleitet und innerhalb gewisser Grenzen bewahrt werden könnte. Für eine jede Staatsform wusste Spinoza derartige Vorzüge zu finden, dass er keiner vor der anderen den unbedingten Vorzug gab. Es ist demnach nicht zu verwundern, wenn er in seiner Staatslehre keine direct als die beste hingestellt hat. Bei eingehender Betrachtung seiner politischen Schriften stossen wir indes auf einige, allerdings knappe Bemerkungen über eine „beste Art der Regierung". Im theologisch-politischen Tractat erachtet Spinoza diejenige Ver-

---

[1] ibid. C. XX, p. 604.
[2] ibid. C. XVI, p. 558. — ibid. C. XVIII, p. 589.
[3] ibid. C. XX, p. 608.

fassung als die beste, „die der Natur der Menschen am meisten entspricht, und in welcher Freiheit des Urtheils gewährt wird". [1]) Und weil der Zweck des Staates kein anderer ist, als der Friede und die Sicherheit des Lebens, so folgt, dass „die beste Staatsform nur die sein kann, bei welcher die Menschen in Eintracht leben und deren Recht unverletzt aufrecht erhalten wird". [2]) Es fragt sich nun: Welche Verfassung ist die am meisten naturgemässe oder die „natürlichste?" In welcher Regierung leben die Menschen friedlich und sicher nebeneinander? Spinoza beantwortet oft genug diese Fragen; er fordert Sicherung der natürlichen Freiheit und der bürgerlichen Gleichheit und sieht in der demokratischen Regierung jene Sicherheit am vollkommensten geboten. Nur ein „freier" oder demokratischer Staat erreicht am nächsten den Grad der Freiheit, die die Natur einem Jeden ertheilt hat; nur hier „lässt sich am besten der Nutzen der Freiheit im Staate nachweisen". [3]) Demgemäss gilt ihm — mit Uebergehung der übrigen Staatsformen — in seiner ersten politischen Schrift die Demokratie als das Ideal eines besten Staates.

Wenden wir uns nun zu dem späteren politischen Tractat. Wir haben bereits früher (gelegentlich der Vergleichung Spinoza's mit Machiavelli) zu erwähnen Gelegenheit gehabt, dass sich in Spinoza's politischen Ansichten im reiferen Alter Wandlungen vollzogen haben. Wir finden auch in der That, dass Spinoza in dem politischen Tractat in vielen Punkten über den theologisch-politischen hinausgegangen und der Beobachtung der wirklichen Welt näher getreten ist. Spinoza hatte im theologisch-politischen Tractat die Politik zu wenig als solche behandelt, in seiner politischen Abhandlung sucht er diesen Mangel nach Kräften zu beseitigen, geräth aber gerade dadurch — vielleicht unbewusst — in grössere Abhängigkeit von Hobbes. Es darf uns daher nicht seltsam erscheinen, wenn wir in seiner letzten politischen Schrift einige Stellen antreffen, die von Hobbes' Geiste durchweht sind. Treffend charakterisirt K. Fischer Spinoza's

---

[1]) Tract. theol. polit. C. XVI, p. 558. — ibid. C. XX. p. 608 f.
[2]) Tract. polit. C. V. § 2.
[3]) Tract. theol. polit. C. XVI. p. 558.

Standpunkt in seinen beiden Tractaten. Er sagt: „Fanden wir früher Spinoza in der Mitte zwischen Hobbes und Rousseau, so scheint in ihm selbst dieser Uebergang in entgegengesetzter Richtung stattgefunden zu haben, denn er nimmt in dem theologisch-politischen Tractat die Ideen Rousseau's voraus, während er in seiner Staatslehre sich Hobbes annähert, wohl unter dessen literarischer Einwirkung".[1]) Diese Abhängigkeit von Hobbes musste auch zur Folge haben, dass Spinoza's Denkweise über eine beste Staatsform wesentlich modificiert wurde. Wenn in dem theologisch-politischen Tractat noch die Vorliebe für die demokratische Verfassung zum Vorschein kommt, so ist dies nur der Fall vom Standpunkt der persönlichen Gleichheit und Freiheit,[2]) während er in dem politischen Tractat zu der Ueberzeugung gekommen war, dass in der Demokratie für den Frieden und die Sicherheit des Lebens zu wenig gesorgt sei; daher die fast übertriebene Sorge für die Sicherheit der Staatsangehörigen, der wir in den Verfassungsentwürfen überall begegnen. „Da aber die spätere Staatslehre vor Allem auf die Sicherheit des Lebens Bedacht nahm, musste sie sich mehr der aristokratischen und monarchischen Staatsform zuneigen. Auch konnte Spinoza nach den Erfahrungen, die er gemacht hatte und bei seiner Kenntnis der menschlichen Natur schwerlich für eine Massenherrschaft gestimmt sein".[3]) Im Folgenden wird es unsere Aufgabe sein, die beiden politischen Schriften in Bezug auf ihre Darlegung über die beste Staatsform zu untersuchen.

Das Charakteristische in der Anlage des theologisch-politischen Tractates besteht, wie schon erwähnt, in der Hervorhebung der individuellen Freiheit. Aber nicht bloss die persönliche Freiheit, als vielmehr die des Gedankens und der Meinungsäusserung fordert Spinoza. Unter den zahlreichen Stellen, die der Freiheit das Wort reden, sind besonders die anzuführen, die mit der Schilderung der

---

[1]) K. Fischer: „Geschichte der neueren Philosophie", Bd. I, 2. Th., S. 452. München 1880. 3. Aufl.
[2]) Vgl. C. Schaarschmidt „Des Cartes und Spinoza, urkundliche Darstellung der Philosophie beider". Bonn 1850. S. 160, Anm. 4.
[3]) K. Fischer, ibid. S. 452.

demokratischen Staatsform in Verbindung stehen. Nur jene Staatsverfassungen sind berechtigt, die durch freie Uebereinstimmung Aller gebildet werden und wo die Staatsgewalt aus übertragener Machtvollkommenheit handelt. Das beste Leben ist aber das, in dem die Freiheit des Geistes gesichert ist. „Denn der Endzweck des Staates ist nicht, die Menschen aus vernünftigen Wesen zu Thieren oder Automaten zu machen, sondern im Gegentheil zu erzielen, dass Geist und Körper ungehemmt ihre Kräfte entfalten, dass die Menschen von ihrer freien Vernunft Gebrauch machen und es vermeiden, hasserfüllt, zornig oder arglistig einander zu bekämpfen oder feindselige Gedanken gegeneinander zu hegen. Der Zweck des Staates ist also im Grunde die Freiheit." [1]) Die Realisierung der Freiheit ist aber am ehesten in der Demokratie möglich, „weil hier Keiner sein Naturrecht derart auf einen Anderen überträgt, dass er selbst in Zukunft nie mehr zu Rathe gezogen wird, und dann, weil Alle gleichbleiben, wie zuvor im natürlichen Zustand".[2]) Aber Freiheit ist nur da, wo Vernunft ist; denn frei sein, heisst nach Anleitung der Vernunft leben. Als die höhere Staatsform erachtet demnach Spinoza diejenige, in der sich das Leben nach der Vernunft, der wahren Tugend der Seele, bestimmt. Ein Staat, in welchem sich die Vernunft nicht frei entwickeln kann, hat keine Festigkeit. „Doch nur in einem demokratischen Staate kommen alle gemeinschaftlich überein, nur nach den Vorschriften der Vernunft (ex solo rationis dictamine) zu leben." [3]) Daraus folgt, dass die Demokratie nicht bloss die freieste, sondern auch die dauerhafteste Regierung ist; sie ist aber auch die beste, weil sie die „natürlichste" und weil in ihr volle Meinungsfreiheit auf allen Gebieten geistiger Mittheilung gestattet wird.[4]) Wir sehen demnach, dass Spinoza's Hauptzweck im theologisch-politischen Tractat 1. in der Vertheidigung der persönlichen Freiheit, 2. in der Vertheidigung der

---

[1]) Tract. theol. polit. C. XX, p. 604.
[2]) ibid. C. XVI, p. 558.
[3]) ibid. C. XIX, p. 594.
[4]) ibid. C. XVI, p. 558. — ibid. C. XX, p. 604; 608 f.

Freiheit des Geisteslebens gegen die Macht des Staates und gegen die der Kirche bestand.[1])

Während demnach Spinoza in der theologisch-politischen Abhandlung auf die Einzelnen, d. h. auf die Freiheit der Individuen Bedacht nimmt, denkt er in dem politischen Tractat mehr an das Allgemeine, d. h. an die Sicherheit der bürgerlichen Gesellschaft. Demgemäss ist der Endzweck des Staates nicht so sehr die Freiheit, als vielmehr die Sicherheit. Spinoza spricht es selbst aus: „Die Freiheit des Geistes oder die Festigkeit des Willens ist eine Privattugend, die Tugend des Staates aber ist die Sicherheit." [2]) Er hält also das Regiment für das beste, in dem Friede und Sicherheit des Lebens herrschen, in dem die Menschen einträchtig zusammenleben.[3]) Auf diesen Punkt legt er so grosses Gewicht, dass er, obwohl im wahrsten Sinne des Wortes antimonarchisch gesinnt, dennoch die Alleinherrschaft jedem schwankenden, unsicheren Zustande vorzieht. „Denn sicherlich ist kein Zustand eines Staates kläglicher, als der selbst des besten Staates, wenn er zu schwanken beginnt, oder wohl gar mit einem Schlage zusammenbricht. ... Es wäre dann besser für die Unterthanen, dass sie ihre Rechte bedingungslos Einem übergäben als unsichere und eitle oder nutzlose Bedingungen für ihre Freiheit und damit den Nachkommen nur den Weg zu ihrer grausamsten Sclaverei bahnten." [4]) Ja, er scheut sich nicht, die Grundlagen der Monarchie als die „besten und wahren" zu bezeichnen, „sofern aus ihnen Friede und Sicherheit für den König und für das Volk folgt." [5]) Es gehört vor Allem zu einem gut eingerichteten Staate, „dass man die Grundlagen festlege.[6]) Daher erklärt sich auch die eingehende Schilderung des complicirten aristokratischen Staatsmechanismus, welche darthut, wie sehr Spinoza um die Sicherheit für das Volk besorgt ist.

---

[1]) Vgl. Kirchmann's Erläuterungen zu dem theol.-polit. Tractate, S. 77. Heidelberg 1882.
[2]) Tract. polit. C. I, § 6.
[3]) ibid. C. V, § 2 und § 5.
[4]) ibid. C. VII, § 2.
[5]) ibid.
[6]) ibid. C. VI, § 8.

Namentlich geht dies aus den Einrichtungen des Senates, wie sie im Capitel VIII § 31. ff. beschrieben sind, deutlich hervor.[1]) Noch weitere[2]) Stellen, welche besagen, dass der Zustand einer Regierung dann am besten ist, wenn sie auf festen und sicheren Grundlagen gebaut ist, könnten wir anführen, doch würden wir dadurch zu weit von unserer eigentlichen Aufgabe abschweifen. Wir gehen vielmehr zu der Frage über: in welcher Verfassung bleibt das Recht der Herrschaft am meisten unverletzt erhalten, d. h. nach tractatus politicus C. V., § 2., welche Verfassung ist die beste? Giebt auch Spinoza auf diese Frage keine directe Antwort, so kann man doch schon aus der ausführlichen Darstellung des aristokratischen Regiments auf seine Vorliebe für diese Staatsform schliessen. Im politischen Tractat war Spinoza bereits zu der Ueberzeugung gelangt, dass ein demokratischer Staat, in dem alle Bürger völlige Gleichheit geniessen, sich nicht lange erhalten könnte, dass dieser vielmehr mit der Zeit einer aristokratischen Herrschaft Platz machen müsse;[3]) er fürchtete, die Demokratie könnte, weil sie der natürlichen Freiheit am meisten entspricht und dem natürlichen Zustande am nächsten steht, leicht in den status naturalis zurückfallen.[4]) Andererseits sah er in der Monarchie diese Freiheit gänzlich unterdrückt und die Staatsangehörigen zu Sclaven erniedrigt. So wählte er die rechte Mitte und entschied sich für die Aristokratie, in der ihm auch die Macht der ausübenden Gewalt hinlänglich gewahrt erschien.

[1]) Vgl. Kirchmann's Erläuterungen zum polit. Tractat, S. 126. Heidelberg 1882.
[2]) cf. die Stellen: tract. polit. C. III, § 9. — c. VI, § 3 und § 8 u. a. m.
[3]) Daher hält Spinoza (tract. polit. C. VIII, § 12) die Demokratie für die eigentliche Urverfassung, aus der sich dann die übrigen Staatsformen, die aristokratischen und zuletzt die monarchischen entwickeln.
[4]) Dies hatte Spinoza in dem theol.-polit. Tractat nicht bedacht; er war nur bestrebt, die natürliche Freiheit dem Volke möglichst uneingeschränkt auch im Staate zu erhalten. Es kam ihm aber nicht in den Sinn, das Volk könnte doch einmal seine Freiheit missbrauchen und die schlummernden Triebe derselben in ihrer ganzen Rohheit losbrechen.

— 53 —

Dass Spinoza in dem politischen Tractate der aristokratischen Verfassung den Vorzug vor den anderen giebt, lässt sich aus mehreren Stellen nachweisen. Schon was über den Unterschied zwischen der aristokratischen und der demokratischen Staatsform gesagt wird, zeigt deutlich, dass Spinoza mehr zu der ersteren hinneigt,[1]) indem nach seiner Meinung in der Aristokratie zu den Staatsgeschäften nur die Fähigsten durch die Wahl herangezogen werden, während in der Demokratie erst ein gewisser Steuerbeitrag, ein bestimmtes Alter zu der Theilnahme an der Regierung berechtigt, wodurch aber das allgemeine Recht, wonach ein Jeder mitstimmen und die Staatsgeschäfte führen darf, und das diesem eigen ist, bedeutend eingeschränkt wird.[2]) Die Vorliebe für die Aristokratie leuchtet besonders da hervor, wo sie mit der Monarchie verglichen wird.[3]) Vor Allem ist die aristokratische Regierungsform viel sicherer und in einer günstigeren Lage als die monarchische, weil sie „sich ohne Schaden für Frieden und Freiheit dem unbeschränkten Regiment nähert."[4]) Ein Regiment aber, dass dem unbeschränkten nahe steht, hat Spinoza selbst als das beste bezeichnet.[5]) Auf diese Weise liegt der Schluss sehr nahe, dass er die aristokratische Verfassung als die beste erachtete. Nicht bloss mit den natürlichen Trieben, sondern auch mit der Vernunft stimmt die Verfassung der aristokratischen Herrschaft überein.[6]) Daher lässt sich auch das hervorragende Lob, welches er dieser Staatsform spendet, erklären: „Ich kann behaupten," sagt Spinoza, „dass, wenn irgend ein Regiment, sicherlich dieses von ewiger Dauer sein werde, und dass keine innere Schuld, sondern höchstens ein unvermeidliches, äusserliches Unglück es zerstören kann."[7]) Spinoza gestattet sogar

---

[1]) Tract. polit. C. VIII, § 1.
[2]) ibid. C. XI, § 2.
[3]) ibid. C. VIII, § 3 und § 7.
[4]) ibid. § 7, vgl. auch die Ueberschrift zu Anfang dieses Capitels.
[5]) ibid. § 5.
[6]) ibid. C. X, § 6 und § 8. Im theol.-polit. Tractat äussert sich Spinoza ebenso über die beste Art der Regierung. Vgl. tract. theol. polit. C. XVI, p. 558.
[7]) Tract. polit. C. X, § 9. Vgl. auch 10 finis.

eine herrschende und begünstigte Religion, eine "Landesreligion", der die Patricier (Senatoren) "zugethan sein müssen." die auch die wichtigsten Kultushandlungen vorzunehmen haben, während den Anhängern anderer Religionen Beschränkungen auferlegt werden dürfen.[1]) Dies stimmt jedoch nicht mit den Grundsätzen im theologisch-politischen Tractat überein; man sieht also auch hier, dass eine Modification zu Gunsten der Aristokratie eingetreten ist.[2]) Wir könnten noch andere[3]) Stellen anführen, die ebenfalls von Spinoza's aristokratischer Denkweise zeugen, doch sind diese nicht so beweiskräftig, als die oben angeführten.

Auch die Zeitverhältnisse brachten es mit sich, dass Spinoza im reiferen Alter seine Ansichten betreffs der besten Staatsform änderte. Die Abfassung des theol.-politischen Tractates fiel in eine Zeit,[4]) da man, des spanischen Joches ledig, frei aufathmete. Nicht lange vorher hatte der Friede zu Münster die Unabhängigkeit der Niederlande ausgesprochen und hatte dem so bedrückten Lande Frieden und Freiheit gegeben. In dem nun neu aufblühenden Freistaate erfreute sich Jeder nicht nur der Sicherheit des Lebens, sondern auch der vollen Freiheit des Urtheils. Auf das lebhafteste empfindet daher Spinoza das Glück, in einem solchen Staate leben zu können, "in dem die Freiheit als das köstlichste und theuerste Gut geschützt wird".[5]) Indess sollte der Friede bald gestört werden. Das freie Holland war Ludwig XIV. schon lange missliebig; er hasste es, und seine Eroberungssucht trieb ihn dazu, das Land anzugreifen. Bei den unzulänglichen Vertheidigungsmassregeln ward es ihm leicht, einen Theil der Niederlande zu erobern. Erschreckt baten nun die Holländer um Frieden. Allein Ludwig XIV. stellte Forderungen, welche tief ins Staatsleben der Republik eingriffen, so dass die regierenden Parteien nicht darauf eingehen konnten. Man war

---

[1]) ibid. C. VIII, § 46; damit ist C. VI. § 40 zu vergleichen.
[2]) Vgl. Kirchmann's Erläuterungen zum politischen Tractat S. 128, und Camerer: "Lehre Spinoza's", S. 226, Anm. 1.
[3]) Tract. polit. C. VIII, § 3 und § 6; § 31. — C. XI, § 1 u. A. m.
[4]) Nach Avenarius unmittelbar nach Spinoza's Verfluchung (6. Aug. 1656).
[5]) Tract. theol. polit. praef. p. 371.

jetzt auf das Schlimmste gefasst. Da trat eine Wendung ein, die die ganze Sachlage mit einem Schlage änderte. Ludwig XIV., der nur nach dem Ruhme des Sieges verlangte, kehrte nach Frankreich zurück. Kaum war dies bekannt, als schon die Anhänger des Oraniers und diejenigen Elemente, die dem herrschenden Aristokratenregimente feindlich gesinnt waren, die ganze Schuld des Unglückes auf die Republikaner wälzten. Sie klagten den Grosspensionär de Witt des Landesverrathes an und beschuldigten ihn des heimlichen Einverständnisses mit der französischen Regierung. Das von ihnen aufgestachelte Volk verlangte nun stürmisch den Prinzen von Oranien zum Befehlshaber über das ganze Land. Gleichzeitig richtete sich die Wuth des Pöbels gegen die als die unerbittlichsten Gegner des Oraniers geltenden Brüder de Witt. Beide wurden ein Opfer der fanatischen Rotte, die sie in den Strassen Amsterdams auf die grausamste Weise zerriss (20. August 1672).[1]) Dieses tragische Ereigniss berührte Spinoza tief, verlor er ja in Jean de Witt zugleich seinen Freund und seinen Wohlthäter; aber auch Abscheu und Ekel vor der thierischen Zügellosigkeit des Volkes erfüllten seine Seele. Gerade in diese bewegte Zeit fällt die Bearbeitung der ersten Capitel der politischen Abhandlung.[2]) Auf die weitere Entwickelung der Arbeit mussten jedoch solche „ochlokratische Auswüchse" einen bestimmenden Einfluss geübt, „namentlich aber Spinoza zur Empfehlung einer aristokratischen Staatsform"[3]) geführt haben. Allein es war ihm nicht mehr vergönnt, diese Schrift zu vollenden; ehe er noch seine weiteren Ansichten über die Einrichtungen der demokratischen Verfassung mittheilen konnte, ereilte ihn der Tod. Hatte also Spinoza im theol.-polit. Tractate vom speculativen Standpunkte aus die Demokratie allen anderen Staatsformen vorgezogen, so erklärt er in der politischen Ab-

---

[1]) Schaarschmidt giebt fälschlich das Datum 1674 an; es muss natürlich in 1672 richtig gestellt werden. — Vgl. Weber's allgem. Weltgeschichte, Bd. VIII und J. Huber's „Kleine Schriften", S. 95 f., Leipzig 1871.
[2]) Vgl. Aug. Baltzer: „Spinoza's Entwickelungsgang". Diss. Kiel 1888. S. 126.
[3]) W. Windelband: „Geschichte der neueren Philosophie", Bd. I, S. 218.

handlung vom praktischen Gesichtspunkte aus die Aristokratie für die zweckmässigste und die beste.

Mit dieser Erörterung sind wir am Schlusse unseres Themas angelangt. Um schliesslich noch das zu resümieren, was die vorhergehenden Betrachtungen ergaben, so finden wir 1. dass sich Spinoza in seiner Politik vielfach an Hobbes anschloss, wiewohl er sich selber und den Grundsätzen seiner Philosophie stets treu geblieben ist, 2. dass Beide, Spinoza und Hobbes, den Begriff des Naturrechtes bei H. Grotius vorgefunden haben und endlich 3. dass auch Machiavelli auf Spinoza's politische Schriften, namentlich aber auf seinen tractatus politicus nicht ohne Einfluss gewesen ist.

# Inhaltsverzeichnis.

Einleitung . . . . . . . . . . . . . . . . . . . . . . . Seite 1
I. Ursprung, Wesen und Zweck des Staates . . . „ 3
II. Einwirkungen auf Spinoza:
    A) Thomas Hobbes . . . . „ 7
    B) Nic. Machiavelli . . . . . . . . „ 16
    C) Hugo Grotius . . . . . . . . . . „ 23
III. Die Staatsformen:
    a) Monarchie . „ 30
    b) Aristokratie . „ 37
    c) Demokratie . . . . . . . . „ 44
IV. Die Frage nach dem besten Staate „ 47